La *Magia* del Descanso

La Magia del Descanso

Dile adiós al cansancio y descubre una felicidad más profunda

Mariluz de la Parra Cervantes

La Magia del Descanso

info@desequilibrioconsciente.com

Índice

Introducción

Nunca imaginé que mi vida cambiara de forma tan radical al atender una cuestión tan cotidiana como el descanso. Durante los últimos dos años de mi vida, he estado teniendo tantas sorpresas continuas en mi manera de actuar y de disfrutar cada momento que deseo ardientemente compartirlo para que la mayor cantidad posible de personas lo puedan experimentar también.

Siempre he sido una persona muy inquieta. Desde pequeña he sido muy exigente conmigo misma y con los demás, y siempre he tenido un afán continuo por trabajar en mi propio desarrollo personal. Considero que el camino es largo y que no acabará nunca, y eso, más que desanimarme, me motiva a avanzar y a seguir disfrutando los pequeños logros del día a día.

En varias ocasiones había escuchado la frase de que lo importante para ser feliz está en el saber disfrutar el camino, más que en disfrutar los logros. Poner más los ojos en la satisfacción del avance y aprendizaje del día a día que en la consecución de las metas. A mí, en lo particular, me parecía una frase bonita y romántica, pero no acababa de entenderla en la realidad. ¿Cómo pretendían que se disfrutaran tanto los avances como las caídas? ¿Cómo disfrutar las dificultades y barreras que se presentaban día con día ante una meta que tenía frente a mí y que no lograba alcanzar? ¿Cómo disfrutar un pequeño avance cuando estaba viendo lo lejos que todavía estaba de la meta? Yo me hacía todos estos cuestionamientos y realmente quería entender y disfrutar ese camino. Pero, a decir verdad, no podía.

Cada vez que tropezaba veía esos golpes de la vida como fracasos y no como avances. La frustración estaba presente en mi vida diaria. No puedo decir que era una gran frustración, pero sí una frustración incómoda y continua. La pequeña frustración de que cada día no saliera como yo lo había imaginado o planeado.

Si quiero ser sincera, tengo que reconocer que en mis épocas de estudiante la frustración no era pequeña. Recuerdo días por completo terribles a mis ojos porque las cosas no habían salido como yo esperaba. Viajes donde no había podido disfrutar lo que había hecho y conocido, debido a que daba mucho peso a todo lo que no había logrado conocer. Pequeños y grandes resentimientos con otras personas que habían impedido que el día saliera como yo esperaba, y a quienes yo culpaba de arruinar mi día.

Claro, yo había leído o escuchado varias veces sobre la felicidad y esos rollos de que no depende de los demás, sino de ti. Que no depende de las circunstancias, sino de tu actitud. Que las circunstancias más bien son neutras, y que lo que importa realmente es la interpretación que nosotros hacemos de ellas. La verdad, me parecían más ideas románticas, pero fuera de toda realidad y practicidad.

Entonces, algo cambió mi vida de manera completamente inesperada y con un impacto que jamás hubiera sospechado. En resumen, tuve la gran oportunidad de tomarme un tiempo para descansar. Y con descansar no solo me refiero a dormir bien, también me refiero a descansar del estrés y del nivel de preocupaciones que tenía en mi vida. Un estrés y nivel de cansancio que ni siquiera reconocía.

Yo era muy consciente de que estaba cansada, pero pensaba que, aun así, todo estaba bien. Nunca me imaginé todas las repercusiones que eso tenía en mi vida diaria ni en la capacidad que yo tenía para disfrutarla. Nunca me imaginé cómo me afectaba el cansancio en mi estado de ánimo. No imaginaba que eso contribuía a la irritabilidad cotidiana, al juicio, la falta de amabilidad o la capacidad para amar y aceptar a los demás como son. Nunca imaginé que el cansancio fuera un factor tan determinante en la forma en que yo tomaba decisiones en el día a día. Tampoco imaginé cómo yo misma me estaba metiendo, cada vez con mayor profundidad, al círculo vicioso del que anhelaba salir. Que mi forma de vivir me hacía estar cada vez más frustrada porque siempre quería abarcar más de lo que podía.

¿Qué te puedo decir? Como nunca me imaginé todo eso, cada descubrimiento que he ido haciendo ha sido maravilloso y sorpresivo. Cada vez que experimento y logro entender todas esas cosas que yo ya había oído, o "ya sabía", pero que no eran más que teoría para mí, me parecen descubrimientos increíbles.

Día a día descubro pequeños milagros en la simplicidad de lo cotidiano. Me admiro de la nueva forma en que respondo ante los problemas, y en general, de mi actitud ante la vida. No dejo de sorprenderme por lo fácil que ahora me resulta tomar decisiones y soltar algunas cosas en lugar de aferrarme a ellas. Lo que antes defendía a capa y espada, hoy tiene cada vez menos importancia. Hoy vivo más como un niño, que cambia de emociones continuamente, sintiendo cada una con plenitud, sin que ninguna de ellas se arraigue sin quererse ir. Bueno, quizá sí. Por alguna extraña razón, la alegría a veces se arraiga. Continuamente, me sorprendo pensando cómo me gusta mi trabajo, cómo me gusta mi vida, cómo se me escapa el amor por los demás, o que estoy contenta solo porque sí.

Así que ya ves, cuando uno descubre un tesoro tan grande, no se puede quedar callado. Tiene que contarlo y gritarlo a los cuatro vientos. Por eso quiero que todos a mi alrededor puedan disfrutar de ese mismo tesoro. Quiero poder compartir esa felicidad con todos los que me rodean. Quiero alegrarme cada vez más al ver que mis amigos, familiares y clientes disfrutan de las pequeñas cosas de la vida.

Y por eso tenía que escribir este libro. ¿Cómo quedarme callada? ¿Cómo guardarme este "secreto a voces"?

Como verás, no pretendo dar una receta de felicidad para todos los demás. Es muy claro que cada uno de nosotros tiene su propio concepto de felicidad y que, probablemente, el tuyo no sea igual que el mío. Aún así, hablaré de esto desde mi experiencia y de lo que yo considero que me ha ayudado a ser más feliz. Te compartiré mis luchas, reflexiones y logros para que tú también puedas descubrir, a través de lo que te cuento, tus posibles síntomas de cansancio o *burnout*, y algunos beneficios que pudieras obtener.

Eventualmente, también te hablaré de mi experiencia como *coach*, ya que pienso que, al contarte lo que he vivido con mis *coachees* (clientes de *coaching*), te daré un panorama más amplio. Considero que, al darte un poco más de ejemplos, podré ayudarte mejor a suscitar tus propias reflexiones. Sé que tu camino y forma de pensar confluirá en algunos puntos de mi experiencia y diferirá en otros. No pretendo que mi concepto de felicidad sea ni el único ni el mejor, sino, simplemente, el mío. No me atrevería a pensar que todas las personas experimentarán lo mismo que yo si deciden descansar y cuidarse, pero tengo la certeza de que, sí o sí, sus vidas mejorarán.

No encontrarás aquí un lenguaje científico ni complicado. No encontrarás los términos técnicamente correctos. Hablo en un lenguaje ordinario, práctico y fácil de entender. Cuando hablo de comportamientos inconscientes, lo hago sin pensar en los términos que se utilizan en la psicología. Solo uso el término como este se entiende de forma común, como algo que no se hace de manera intencional. Cuando hablo de energía, hablo de "ganas" de hacer las cosas, hablo de un estado de ánimo o actitud positiva ante la vida y ante los retos y problemas de cada día.

Tampoco pretendo dar consejos sobre cómo dormir mejor. He leído al respecto por inquietudes personales y he probado muchas cosas, pero no me considero una experta, así que no hablaré sobre cómo curar el insomnio o dormir bien sin pastillas.

Mi intención es que reflexiones junto conmigo y que te atrevas a hacer cambios trascendentes en tu vida. Quiero que mis aprendizajes te dejen pensando a ti también. Quiero que mi experiencia te anime a cuestionarte sobre temas importantes en tu vida, y a experimentar un nuevo estilo de vida. Quiero motivarte a invertir en tu descanso. Quiero que sepas, a partir de mi experiencia, que la recompensa puede ser mucho mayor de la que hoy alcanzas a ver o imaginar. Quiero decirte que en este camino recibirás premios que no son obvios. Y quiero que, mientras lees este libro, saques tus propias reflexiones y conclusiones.

En una palabra, quiero contagiarte y llevar a tu mundo la "magia" que ha llegado al mío.

Este libro es para todo aquel que se siente cansado. Para todo aquel que anhela el momento en que se pueda dar un tiempo para sí mismo. Que anhela un momento de sueño, de ver películas o series, de compartir tiempo con gente querida, de realizar algún *hobby*, cocinar, o de hacer cualquier cosa que encuentre relajante.

Como te comentaba, yo sabía que estaba cansada. Había días en que lo único que anhelaba desde que me levantaba era el momento en que me pudiera volver a dormir. Cada vez que hacía ejercicio era una tortura. Requería una fuerza de voluntad enorme. Tenía muchas presiones encima. Todo se me iba quedando para el último momento y no hacía las cosas con el nivel de calidad o puntualidad que yo deseaba. Tenía una pequeña frustración constante que no lograba quitar a pesar de buscar y probar muchas formas de administrar mi tiempo. Hiciera lo que hiciera: el tiempo no me alcanzaba.

Este libro es para ti si reconoces que te sientes cansado. Si te cuesta trabajo ponerte a hacer las cosas que sabes que tienes que hacer. Si eres tan activo que siempre tienes varios frentes abiertos al mismo tiempo y vas de urgencia en urgencia. Si te sorprendes deseando, durante el día, el momento en que puedas irte a dormir. Si aprovechas las raras veces que tienes un momento libre para echarte una siesta, aun si deseas invertir tu tiempo de manera más productiva. Si descubres que te cuesta trabajo permanecer despierto en algunas de tus actividades diarias. Si en tus reuniones sociales nocturnas estás buscando la excusa para irte a tu casa temprano para descansar.

En fin, creo que, en el fondo, todos sabemos reconocer cuando nos sentimos cansados. El problema es que ya nos acostumbramos. Probablemente, sientas que así has vivido siempre y que es la única forma de aprovechar y disfrutar al máximo de la vida. La única manera de no privarte de nada y/o de cuidar lo importante.

Así pensaba yo y en definitiva he cambiado por completo. ¿Por qué seguir viviendo como lo has hecho hasta hoy cuando puedes experimentar una felicidad todavía más profunda? Te propongo que inicies tu recorrido con la lectura de este libro y, si te gusta lo que te cuento, que empieces a hacer cambios en tu vida y que te atrevas a apostar por tu felicidad.

Quiero pedirte que me acompañes y entremos en temas que me han impactado profundamente. Que compartas mis reflexiones sobre el sentido de la vida y nuestra capacidad para ser felices. ¿Qué relación hay entre el descanso y la felicidad? Para mí, el descanso fue la llave a la felicidad porque vivía en el agotamiento. No puedo darte una fórmula, sino tan solo decirte lo que yo he experimentado y aprendido.

Seguramente, tu camino será diferente, pero sin duda enriquecedor. La única forma de descubrirlo es actuando: aprendiendo y haciendo ajustes. Si quieres, puedes empezar por descargar y contestar los diagnósticos que vienen al final de este libro o descargar de mi página el diagnóstico integral. Su respuesta te dará una buena idea sobre tu punto de partida y será una gran forma de empezar este camino. Puedes descargar los documentos que ofrezco en este libro, así como el diagnóstico integral, con sus instrucciones en:

www.desequilibrioconsciente.com/descanso/kitlibro/

¿Estás listo? ¡Pues empecemos!

¡ACCESO AL VIDEO-RESUMEN GRATIS!

NO TE LO PIERDAS

Solo para agradecerte por comprar
mi libro, quiero darte el acceso a la versión
video-resumen 100% GRATIS

ENCUÉNTRALO EN:

www.desequilibrioconsciente.com/descanso/video

Capítulo 1

UNA FELICIDAD A MEDIAS: LIMITADA POR EL CANSANCIO

¿Por qué no me estaba quedando dormida como tantas otras veces? ¿Dónde estaba el sueño que siempre me atacaba mientras manejaba y amenazaba con hacerme cabecear?

Esta era la pregunta que rondaba mi mente el año pasado mientras manejaba hacia mi casa de regreso de la ciudad de México. Había dormido solo tres horas, de las 2:30 a las 5:30 a. m., porque me había desvelado trabajando. Me había aventado ya una hora de tráfico para llegar a la oficina y había estado trabajando toda la mañana. Llevaba allí desde las 8:00 a. m. y tomé carretera hasta las 4:00 p. m. Por pura lógica debía estar muriéndome de sueño. ¿Qué me pasaba? ¿Por qué me sentía casi como si hubiera dormido bien?

De hecho, durante ese trayecto, me di cuenta de que llevaba muchísimos años en los que, cada vez que manejaba, tenía que recurrir a la comida para no quedarme dormida. Tenía una técnica probada: pasaba a comprarme un café *frappé* que me aseguraba que me mantendría despierta durante una hora. Mi técnica era que pedía mi café con chispas de chocolate. Cada vez que tomaba un trago algunas chispas llegaban a mi boca y me entretenía deshaciéndolas. Me conocía todos los lugares donde vendían ese café en las carreteras que frecuentaba. La técnica era infalible.

Pero claro, después de que me di cuenta de que extrañamente no tenía sueño a pesar de haberme desvelado, pasó por mi mente otra pregunta obvia. ¿Era normal que siempre en mi vida hubiera padecido sueño al manejar? ¿Por qué otras personas no requerían de mi técnica o de alguna otra similar para mantenerse despiertos?

Quise encontrar las temporadas en mi vida en que me había sentido cansada. Me vinieron a la mente muchísimos momentos, así que intenté otra técnica: recordar en qué momentos de mi vida no me había sentido cansada. Quise recordar momentos en que no requiriera acudir a la comida a la hora de manejar en carretera. Alarmante pero cierto, no recordé ninguno. Siempre comía algo para mantenerme despierta: un café, papitas, galletas, paleta helada, semillas de calabaza o de girasol, o el famosísimo *frappé*.

¿Desde cuándo habría comenzado a "vivir" cansada? Me impactó lo que descubrí.

Hoy puedo decirte que no tengo claridad sobre el momento en que empezó todo, pero me queda muy claro que fue por lo menos alrededor de mis quince años. Me di cuenta de que por mucho tiempo fui "víctima" de una enfermedad poderosísima que me atacó desde una tierna edad. El cansancio crónico y el *burnout* han estado presentes durante casi toda mi vida, sin yo saberlo.

Creo que empecé a dormir poco cuando entré al grupo de la iglesia a los catorce años. Las reuniones eran por la noche. Era un grupo donde había gente de todas las edades y muchos de ellos no podían llegar antes. Empezaban como una hora después de habernos citado, como a las nueve p. m. en promedio, y terminaban entre once de la noche y una de la mañana.

Apenas dos años después, todo se agravó cuando las reuniones de los *scouts* empezaron a ser entre semana y por las noches. Ahora me tocaba a mí planear las reuniones que tendrían los niños más pequeños cada sábado. En ese momento yo era estudiante, pero varios de los dirigentes con los que hacía equipo eran más grandes que yo y trabajaban. La única opción era reunirnos en la noche.

Por si fuera poco, durante las tardes, yo exprimía mi tiempo al máximo. Siempre he sido muy deportista, bastante inquieta y activa. Creo que desde muy joven decidí no privarme de nada que me llamara la atención. Me las arreglaba para organizar mis tiempos con la finalidad de poder hacerlo todo.

Durante mi adolescencia tuve una vida social bastante activa. Recuerdo en especial que me invitaban a fiestas de quince años todos los fines de semana, de jueves a domingo. No iba a todas porque mi mamá me hacía elegir solo una por semana. Era muy duro para mí porque yo sentía que muchas de esas amigas eran muy cercanas y que debía estar con ellas en ese momento tan importante de sus vidas. A eso se le sumaban los compromisos, sociales y no-sociales, de los *scouts* y el grupo de la iglesia.

Además, como siempre me ha encantado el deporte, entrené un tiempo basquetbol y también participé en varios torneos de voleibol como parte de la selección de mi escuela.

Como vi muchos japoneses cuando fui a *Disneyland*, pensé que Japón dominaría al mundo y que saber japonés me representaría una gran ventaja competitiva. Decidí estudiar japonés y lo hice por las tardes durante siete semestres mientras estudiaba el bachillerato. De alguna manera me las ingeniaba para ir al japonés tres o cuatro veces a la semana y, aun así, entrenar voleibol por dos horas en las tardes otros dos o tres días a la semana en cuanto terminaban las clases.

A eso había que agregar el tiempo para trabajar y ganar dinero. Resulta que en el grupo de la iglesia nos invitaron a viajar a las jornadas mundiales de la juventud. Mi mamá compraba quesos a mayoreo y yo salía a venderlos en la colonia. También recuerdo que, en otra temporada, yo misma cocinaba campechanas (pan dulce) todas las tardes durante un par de horas para venderlo en la escuela al día siguiente y sacar dinero. Otro de mis negocios con el que obtuve buenas ganancias fue vendiendo joyería de chapa de oro que compraba a precios de mayoreo en el centro. En dos ocasiones (dos años diferentes), me dediqué también a vender boletos para la rifa de un automóvil. Al final, logré hacer dos viajes y ver al Papa Juan Pablo Segundo tanto en Denver como en Italia, con todos mis gastos pagados por mí.

Además, desarrollé también mi lado artístico y académico. Estudié guitarra y solfeo. Estuve en clases de teatro. Gané un concurso de poesía. Participé en un concurso literario de cuento y novela. Todo esto mientras cuidaba mis calificaciones para exentar todos los exámenes finales. Y por mis buenos resultados académicos, también tuve que participar en concursos en los que representaba a mi escuela. Uno de ellos, me llevó a ganar la olimpiada metropolitana de física y participar después en la olimpiada nacional. Lógicamente, esto requirió una carga importante de horas de estudio y preparación para hacer un buen papel en la olimpiada nacional.

¿Cómo le hice? A veces hasta a mí me cuesta trabajo entenderlo. Lo que está claro es que eso me obligaba a dormir poco. Es irónico que apenas esté sacando estas conclusiones. Ahora me resulta obvio que desde muy joven empezó mi cansancio crónico.

Durante la universidad las cosas no mejoraron. Estuve en la selección de voleibol y de futbol. Participé en muchos talleres culturales: baile de salón, técnica de canto, jazz vocal, maquillaje social, repujado y pintura al óleo. Fui parte del elenco de una obra de teatro. Me involucré en política estudiantil: fui miembro de cuatro asociaciones y vicepresidenta de una de ellas.

Trabajaba 6 horas a la semana como contraprestación de la beca que me otorgaba la escuela y, encima, tuve un trabajo formal de medio tiempo durante el último año y medio de mi carrera. No es sorprendente entender por qué bajaron drásticamente mis calificaciones durante mis estudios universitarios. Estos me requerían más esfuerzo y yo seguía negándome a dedicarles más allá del mínimo indispensable.

Lo que sí es sorprendente es que yo siguiera sin reparar en mi descanso. Lo tomaba como algo normal y necesario. Recuerdo que, en una ocasión, estaba haciendo un trabajo de la escuela en la computadora. De repente, cuando mis manos dejaron de escribir, me desperté. ¿Cómo no consideré entonces que ese nivel de cansancio era preocupante? Recuerdo que solo me pareció graciosa la anécdota de que mis propias manos me hayan despertado al dejar de moverse. Ahora me parece increíble pensar que pude dormirme en esos milisegundos que pasaron entre mi decisión de escribir una frase y el momento en que mis manos dejaron de escribirla. Y también me parece sumamente interesante que tuviera esa capacidad de dormir escribiendo.

Hubo otro hecho que debería haberme hecho reflexionar y que, sin embargo, también pasó desapercibido para mí. Desde hacía un par de años me sentía muy mal cuando hacía ejercicio, como si estuviera a punto de desmayarme. Tal fue el problema que dejé la selección y los torneos. Para arreglar mi problema con el ejercicio, estuve en un tratamiento con una doctora, haciendo una dieta desprovista de carbohidratos por completo, y tomando una medicina con cortisona. Recuerdo que la doctora decía que me debería sentir cada vez con más energía y menos cansada. Se desconcertaba de que yo nunca noté ninguna diferencia. Seguía sintiéndome cansada. Lamentablemente, hasta ahora entiendo por qué.

La vida siguió y mi vida con miles de actividades también. Hacía muchas cosas que fueron variando según las circunstancias que vivía y las oportunidades que iban surgiendo. Seguí siempre con mucha actividad hasta hace dos o tres años.

Trabajaba como consultora independiente. Como yo misma asignaba mis horarios de trabajo y prioridades, pensaba que tenía poco estrés. Una vida envidiable y descansada.

Atendía a dos o tres clientes simultáneos que me requerían entre dos y seis horas por semana cada uno. Era miembro de una agrupación fuerte de empresarios y participaba en varias comisiones. Llegué a ser presidente de una de esas comisiones y eso me requería entre seis y ocho horas por semana. Además, era la encargada de un grupo en un instituto de capacitación en habilidades de liderazgo para mandos medios. Esto implicaba una actividad de asesoría y docente de por lo menos un día entero a la semana. Por si fuera poco, era tutora de un empresario y daba sesiones en una incubadora de empresas. Participaba en cuatro y cinco consejos consultivos de empresas pequeñas. Pertenecía a una academia de arte donde montábamos dos obras de teatro al año en las que yo cantaba y actuaba. Asistía a un grupo de la iglesia, y cantaba en un coro. Todo esto, por supuesto, con una vida social activa.

¿Te quedó clara la vida envidiable y descansada que llevaba por tener el privilegio de trabajar de manera independiente? Pues, aunque no lo creas, yo no me daba cuenta de que esto era demasiado.

¿Por qué no descansaba más?

Primero que nada, estaba la frustración de que nunca me alcanzaba el tiempo. Quería hacer tantas cosas que nunca había tiempo suficiente. Veía oportunidades atractivas por doquier y quería perseguirlas todas. Cuando definitivamente veía que no lograba acomodar mis tiempos para hacerlo todo, lograba renunciar con muchísimo esfuerzo a algunas cosas. La frustración de no encontrar tiempo y de estarme perdiendo oportunidades estaba presente, como en un segundo nivel un tanto oculto, todo el tiempo.

Hasta ahora me doy cuenta de que, aunque amaba dormir, prefería renunciar a varias horas de sueño todos los días con tal de hacer más cosas. Sabía que me era dificilísimo despertarme cada vez que sonaba el despertador. Como yo había vivido eso desde siempre, lo consideraba como algo normal. Cuando oía que había personas que se despertaban temprano sin necesidad de despertador, simplemente no lo entendía.

Recuerdo que alguna vez leí un artículo que hablaba sobre los ciclos del sueño. Recomendaba que durmieras lo suficiente como para despertar sintiéndote descansado y lleno de energía. Me pareció algo tan utópico e irreal que simplemente deseché la posibilidad de que eso existiera o de que yo lo pudiera experimentar alguna vez.

Pensaba que era más que suficiente con lo que yo hacía para descansar. Defendía con toda mi alma el tiempo para mis cosas. Limitaba el trabajo a ciertas horas y el resto lo usaba para *hobbies* y reuniones sociales. Atesoraba mis fines de semana y nunca consentí en trabajar más allá de dos o tres horas en sábado y solo en casos muy extremos. Mis domingos eran casi intocables.

Según yo, tenía un buen balance de vida y vivía sin mucho estrés. Hacía lo que quería. Trabajaba cómo y cuándo quería. Amaba mi trabajo y dedicaba tiempo a mis amistades, familia y *hobbies*. ¿Cómo iba yo a pensar que vivía con una alta carga de estrés?

Afortunadamente, al investigar e implementar técnicas para mejorar mi productividad, noté con claridad que mi estrés disminuyó. Es irónico que haya reconocido mi estrés hasta que lo dejé de tener. Hasta la fecha, es para mí una experiencia que atesoro.

Creo que nunca pensé en descansar más porque consideraba que tenía una buena calidad de vida. Estaba acostumbrada al cansancio y no notaba que no era bueno ni normal. Creía que con defender mi vida personal era suficiente. Daba prioridad a aprovechar las oportunidades que se presentaban en mi vida y que me eran atractivas. Seguía frustrada por no alcanzar a hacer todo lo que deseaba hacer. Me menospreciaba a mí misma por las veces en que no hacía las cosas con una calidad excelente, o que no perseguía mis metas con la disciplina que requerían. Me juzgaba con fuerza por no tener el enfoque, tiempo y disciplina necesarios para destacar y lograr los resultados económicos que deseaba.

Ahora veo que me las ingeniaba para defender la forma en que vivía y mantenerme en esa situación. Me decía que eso era lo mejor para mí. Renunciaba a descansar por miedo a perderme la oportunidad de vivir y exprimir cada segundo de mi vida al máximo. Me recriminaba mi falta de perfección y logros, y por eso me presionaba para trabajar más duro. Creía que necesitaba ser más productiva y disciplinada. Pensaba que esa era la mejor forma de vivir. ¡Qué equivocada estaba! Veo que ese es justo el auto engaño que hace que uno de cada tres empleados, y hasta el 86% de los empresarios de empresas jóvenes, padezcan *burnout*. Nos hacemos expertos en negar los síntomas obvios que están ahí.

Viéndolo en retrospectiva, ahora me es fácil identificar los síntomas que podían haberme ayudado a descubrir que yo vivía con cansancio crónico. Afortunadamente, hoy puedo decir que ya he descubierto también en carne propia que la mejor forma de vivir es disfrutando el hoy. He experimentado que eso solo se puede hacer si se vive con una sana cantidad de estrés y cansancio, en lugar de vivir al límite.

Apenas me levantaba en la mañana, hacía mis oraciones. Después desayunaba, hacía ejercicio y me bañaba. Y justo en ese momento, en que debería estar fresca como lechuga, me invadía una necesidad impresionante de dormir con la que tenía que estar luchando. Mi cuerpo y mi cerebro me ordenaban con claridad: duerme.

Evidentemente, tenía cosas que hacer y no podía dormir. Me la pasaba luchando contra el sueño en las juntas tempraneras que tenía, en la misa, o en cualquier otra actividad que hiciera durante las primeras horas de la mañana.

Cada vez que hacía ejercicio, sentía náuseas, debilidad y mareo. Ya me había acostumbrado porque ese problema me había obligado, desde mis 18 años, a distanciarme cada vez más del deporte. Aunque no había logrado encontrar ningún tratamiento médico para curarme, sabía que no era normal, y mucho menos, agradable.

Yo oía que otras personas mencionaban que después de hacer ejercicio, bañarse, o desayunar, se sentían llenos de energía. Yo nunca.

Claramente, mi incapacidad de manejar en carretera sin recurrir a la comida para que me despertara era otro síntoma de cansancio. Esto me sucedía casi siempre. No importaba qué tan bien hubiera dormido, la hora que fuera, o si había tenido un día pesado.

Alguna vez, leyendo un artículo, conocí la prueba de la cuchara. Decía que, al irnos a tomar una siesta, tomáramos la hora y viéramos cuánto tiempo tardábamos en quedarnos dormidos. Para encontrar este tiempo, había que dormirse sosteniendo una cuchara. En cuanto nuestro cuerpo empezara a dormir profundamente, la cuchara se caería, despertaríamos, y podríamos medir el tiempo que había tardado en caerse. Lo correcto era que la cuchara tardara más de quince minutos en caerse. Si tardaba menos de diez, necesitabas dormir más. Si tardaba menos de cinco, tenías una carencia importante de sueño. Cuando leí esto, me pareció evidente que nunca pasaría esa prueba. Nunca tardaba más de uno o dos minutos en quedarme dormida.

A algunas personas les podría parecer envidiable que me pudiera dormir en cuanto ponía la cabeza en la almohada. Recién descubrí que algunos expertos del sueño consideran que lo ideal es poder dormir hasta cinco y quince minutos después de acostarse. Si tardas menos de cinco minutos, puede significar que estás más cansado de la cuenta. Más de quince minutos también lo consideran como un problema del sueño. Yo creo que yo no tardaba ni un minuto la mayoría de las veces. En general, no creo haber pasado de tres o cinco minutos más que en mis raras noches de insomnio. Y esos pocos insomnios estuvieron marcados por alguna preocupación extraordinaria que me hacía pensar de forma activa en lugar de dormir, así que no cuentan.

Algo que siempre fue común para mí fue la gran dificultad, o incluso incapacidad, de despertar en la mañana. Soy la típica persona que usa el *snooze* miles de veces. He soñado muchísimas veces que me arreglaba y estaba lista para salir de casa. Era frustrante despertar después y darme cuenta de que ya era tardísimo y que yo ni siquiera me había levantado.

Cuando era estudiante dormía en la misma habitación que mi hermana. La pobre tenía que pedirme que me levantara cuando sonaba el despertador. Aunque parezca increíble, yo simplemente no notaba que había sonado. Mi cerebro incorporaba el ruido del despertador a mi sueño. Era la alarma de la escuela, un robo, o alguna otra cosa que en el sueño tenía sentido. Para fines prácticos, yo no escuchaba el despertador.

Dentro de mis memorias puedo pensar incluso en tres eventos bastante vergonzosos. Un día en que una amiga se fue a dormir a mi casa. Ya estábamos acostadas y empezamos a platicar. Me estaba contando sobre el chico que le gustaba. Yo estaba contenta porque se estaba abriendo conmigo y contándome cosas que para ella eran muy íntimas. A pesar de que estaba muy interesada en lo que me decía, me era por completo imposible escucharla y prestarle atención sin quedarme dormida. Empecé a mezclar lo que ella decía con alguna especie de sueño extraño. Aunque hacía todo el esfuerzo para contestarle con coherencia, imposible lograrlo. Acabó molestándose bastante conmigo pensando que no me importaba. Yo moría de pena y coraje conmigo misma.

Eso mismo me pasó en una ocasión que fui con unas amigas a un pueblo donde hacían una gran fiesta en el día de la Santa Cruz. Fue muy interesante conocer la tradición y la forma en que festejaban en el pueblo. Llegaba gente de todos los pueblos vecinos, había comida por doquier y grupos muy famosos tocando toda la noche para que la gente bailara. Creo que era miércoles y nosotros teníamos que trabajar al día siguiente. El pueblo estaba a dos horas de la ciudad donde nosotros vivíamos y trabajábamos. Decidimos que nos regresaríamos de una vez si había dos personas suficientemente despiertas. Yo me ofrecí a ser copiloto porque me sentía bastante bien. Mala elección: al poco tiempo me atacó el sueño. Trataba de platicar con la persona que manejaba y de decir cosas coherentes, pero simplemente no podía. Por fortuna, llegamos sanas y salvas a nuestro destino. Aunque claro, no fue gracias a mí.

El tercer evento incluso me lo ha recriminado varias veces una amiga. Cuenta ella que las invité un día en la noche a ver una película y que estábamos apenas a media película cuando yo ya estaba dormida. Me despertaron y evidenciaron que, mientras ellas veían la película, yo aprovechaba para dormir. Dice mi amiga que cuando me despertaron yo les contesté: "Perdón, no sé por qué las invité si estoy tan cansada". Creo que a la fecha mi amiga sigue ofendida por mi respuesta. Yo me acuerdo de ese día, pero no de lo que les dije. Lamentablemente, debo reconocer que esa frase sí suena como algo que yo hubiera podido decir. Qué sinvergüenza me vi, ¿no?

Creo que hace pocos años fue cuando en verdad empecé a considerar con más apertura el asunto de mi falta de tiempo y cansancio. Tuve dos eventos que me sensibilizaron para poder abrir los ojos más adelante.

Es común que les pida a mis clientes de *coaching* que registren sus actividades durante una semana para ver cómo pueden ser más eficientes con su trabajo. El objetivo del análisis es decidir qué pueden sistematizar, delegar, o dejar de hacer. En una ocasión, estaba muy frustrada porque, según yo, no aprovechaba el tiempo como debía. Sabía que, en lugar de adelantar trabajo, me ponía a descansar cada vez que tenía un espacio sin tareas urgentes. Me recriminaba por no ser previsora y hacer las cosas antes de que se volvieran urgentes. Recuerdo que le comenté a mi *coach* lo floja que era. Yo estaba muy convencida. Él me dijo que yo era todo menos floja. Acordamos que registraría mis tiempos y me llevé una gran sorpresa al descubrir que yo trabajaba en promedio entre dos y cuatro horas diarias más que las que yo suponía.

Algo que tampoco me esperaba fue cuando decidí hacer un análisis de tiempo para ver si aceptaba un nuevo proyecto. Hice una lista con todas mis actividades y registré el tiempo que consideraba que debía dedicar a cada actividad. A dormir le asigné cuarenta horas a la semana. Conté las horas para cocinar y comer, las horas de transporte, arreglo, etc. Todo lo registré y calculé las horas totales que en teoría asignaba a cada tipo de actividad. Me sorprendí mucho cuando descubrí que, para cada semana, en lugar de las 120 horas reales que tenía (solo entre semana: 24x5), yo necesitaba 160. ¡Y pensar que todavía estaba pensando si me daría tiempo para hacer algo más! Quedé en estado de *shock*. Entendí de inmediato por qué no estaba durmiendo tanto como yo pretendía, y porqué me había sentido más cansada últimamente.

Como verás, este no es más que un capítulo introductorio para decirte que estaba terriblemente cansada y no quería reconocerlo. Toda mi vida había vivido así y me parecía que eso era lo normal. Nunca hubiera reconocido que vivía cansada, con *burnout*. Ni siquiera a pesar de tener muchos síntomas y muestras de que así era. Conozco a muchas personas en esta misma situación. En especial las que son más activas. Por eso quise poner muchos ejemplos, para ayudarte a identificar lo que yo no veía, y para ahorrarte varios años de felicidad a medias, o chata, como decía mi abuelita.

¿Cómo somos los seres humanos que a veces nos negamos hasta la oportunidad de reconocer lo evidente? Aunque no lo creas, cuando descubrí que vivía con cansancio crónico, no salí de mi asombro: ¡durante meses! Simplemente, nunca lo hubiera imaginado. Es raro después de todo lo que cuento aquí, ¿no?

La pregunta que me hago es: ¿a cuántas personas les pasará esto también? ¿Será que puedes verte reflejado en algunas de mis experiencias y que estas te ayuden a ser más objetivo en tu autoevaluación de cansancio/descanso? Espero que sí.

Conclusiones

Aunque me parezca difícil aceptarlo, porque siempre me he jactado de ser una persona muy analítica y objetiva, me fue fácil negar mi propio cansancio. Veo lo sencillo que es recaer, descuidando mi descanso, y volver a negármelo a mí misma. Los síntomas aparecen, pero me doy cuenta de que, en la práctica, no tengo ningún reparo en desestimarlos.

Por cierto, al final de este libro encontrarás un pequeño apéndice donde comparto los principales síntomas del *burnout* y explico el círculo vicioso que genera. Si no los conoces, te invito a terminar este capítulo y a leer el apéndice antes de continuar con el segundo capítulo. Creo que puede ayudarte a evaluar con mayor objetividad tu estado de cansancio actual, y a reconocer muchos de los síntomas que yo he padecido, y que ya no tengo, conforme los vayas leyendo en los diferentes capítulos del libro.

Como los síntomas de cansancio van apareciendo de manera paulatina y sutil, y es difícil que los reconozcamos cuando estos empiezan a tomar fuerza, considero importante hacer una autoevaluación periódica. Como soy metódica y analítica, he decidido crear un diagnóstico que me permita detectar mi nivel de cansancio.

Con el diagnóstico en mano, sé que me es más difícil seguir negando la situación. El simple hecho de reconocer el problema me invita a buscar formas de corregirlo.

No siempre soy tan contundente y rápida para remediar la situación, pero al menos voy dando pequeños pasos para mejorar. A veces logro revertir la caída y volver a un buen nivel de descanso. A veces sigue ganando mi yo inquieto y productivo que no quiere perder ninguna oportunidad. Pero por lo menos, freno la velocidad de la caída o la acoto a un periodo corto de tiempo.

Al final, sé que toda mi vida tendré que estar cuidando este equilibrio. Y estoy 100% convencida de que vale la pena. Espero que tú también lo estés al terminar de leer este libro y cuando hayas visto lo maravilloso que ha sido para mí el poder experimentar una vida de descanso integral.

Te invito a que hagas este diagnóstico antes de seguir leyendo el libro, y que lo vuelvas a realizar al terminarlo. Será interesante descubrir lo que pasa en el camino. Hay dos resultados comunes: que mejores porque decidiste cambiar algunas cosas mientras leías, o que empeores como resultado de una mayor profundización que te lleve a evaluarte con más fuerza.

No importa, verás que en ambos casos es algo muy enriquecedor y valioso para tu crecimiento personal y capacidad de ser feliz. En cada momento del día, todos los días. Deseo que este diagnóstico y este libro te sirvan mucho. Nos vemos en el siguiente capítulo.

www.desequilibrioconsciente.com/descanso/kitlibro/

Capítulo 2

El gran regalo: el descanso físico y la alegría que vino con él

Un día, una amiga me preguntó: ¿cómo le haces para tener el *Candy Crush* en tu teléfono y que no te envicie? Parecía una pregunta sencilla, pero me dejó pensando mucho. Mi amiga solo me dijo que ella no podía manejarlo y que lo había tenido que borrar. Mi respuesta inicial fue más sencilla: "sí me envicia y tampoco puedo dejarlo cuando empiezo a jugar". Pero esto me cuestionó mucho: si lo tenía tan claro, ¿por qué no hacía nada por querer dejarlo? Su pregunta solo me creó una incomodidad profunda que me llevó a querer dejarlo y a ver que en verdad no podía. Un buen día, mucho tiempo después, simplemente descubrí que ya no tenía ese problema.

Para mí era costumbre el descansar poco. Ni siquiera me lo planteaba. Desde mis 15 años había sido así y me cerraba a que pudiera haber otras formas diferentes, o incluso mejores, de vivir la vida. Irónicamente, convivía con gente que dormía poco y me atrevía a juzgarlos. Bien dice la biblia que primero hay que sacar la viga que tenemos en nuestro ojo para poder ayudar al prójimo con su astilla. Veía que había gente que se levantaba temprano todos los días, incluso a pesar de haberse desvelado, y los juzgaba y compadecía por no disfrutar de más tiempo de sueño.

Creo que lo que en realidad pasaba era que tenía un poco de envidia. Para mí era una batalla campal cada vez que sonaba el despertador. Tenía que utilizar toda mi fuerza de voluntad para levantarme. Siempre llegaba 5-10 minutos tarde a mi primer compromiso de la mañana. Los sábados y los domingos eran casi sagrados para no levantarme tan temprano. Al menos me levantaba dos o tres horas más tarde, y cuando podía, lo hacía hasta las diez u once de la mañana. Tampoco era raro que los viernes, a las nueve de la noche, me fuera a dormir en el agotamiento total. Todos los otros días llegaba a mi casa después de la noche, me dormía alrededor de las 11:30 o más tarde y me levantaba a las seis. Ya no podía más.

Recuerdo que en una clase a la que asistí en el IPADE, escuela de negocios y alta dirección aquí en México, el profesor habló de un libro sobre el descanso. Me llamó la atención el tema y el título: "Aprendiendo a vivir: el descanso", de Fernando Sarráis. Tengo una tía que necesita descansar más de lo normal porque tiene problemas musculares y de columna que así se lo requieren. Es una persona muy inquieta a la que le gustaría saber y poder hacer muchas cosas. Le cuesta trabajo verse obligada a descansar y le gustaría aprovechar el tiempo de otra manera, así que inmediatamente pensé en comprar el libro para leerlo y decidir si se lo regalaba.

El libro comienza hablando sobre el cansancio crónico. Me pareció bastante interesante. Pensé que estaba feo tener esa clase de síntomas. No entendía por qué la gente que vivía con ese problema no lo reconocía. Parecía malo lo que sucedía y cómo impactaba en su vida. Me leí todos los capítulos con mucho interés y haciendo anotaciones para escribir después un artículo en mi blog o para ayudar a otras personas que padecieran cansancio. Me llamó mucho la atención que el autor maneja diferentes capítulos donde habla de diferentes tipos de cansancio.

El libro comenta que es importante que aprendamos a "descansar de lo que cansa". Pensé que yo lo había hecho muy bien. Siempre había cuidado mucho mis fines de semana y mis tiempos fuera del horario laboral. Siempre busqué hacer cosas que me descansaran. Hacer deporte, leer, convivir con amigos, ver la tele, o algunas otras actividades "descansadoras". Cuidaba mi salud y mi vida espiritual. Siempre busqué cosas variadas que me ayudaran a olvidarme del trabajo. Sentía que cuidaba mi vida de manera integral.

Veo el descubrimiento de mi *burnout* como algo completamente providencial. Un regalo que Dios quiso hacerme y que nunca imaginé que fuera a tener un nivel tan alto de repercusión en mi vida.

Tenía el proyecto de estudiar un doctorado. Decidí solicitar una beca y dedicarme casi al 100% al estudio durante los cuatro años que durara. Analicé las actividades con las que en definitiva quería continuar. Seleccioné las que eran de gran valor para mí, y todo lo demás lo fui dejando. Me salí del coro, del teatro, de la agrupación de empresarios donde participaba, y de la comisión en la que era presidenta. Reduje mi participación en la incubadora de empresas. Dejé el cargo que tenía en el grupo de la iglesia y el cargo en la asociación de vecinos.

Empecé mis estudios de doctorado y en menos de un mes me di cuenta de que ese programa no era lo que yo buscaba. Quería disfrutar esos cuatro años y no padecerlos. Por fortuna, no había empezado el trámite para la beca y eso me permitía cambiar de planes. Decidí que, si ya había dejado tantas cosas y había tenido esa mala experiencia, lo mejor era buscar la mejor universidad del mundo para el tema que me interesaba y estudiarlo allá.

Apenas estaba yo en el proceso de dejar muchas de mis actividades. Faltaba un mes para la presentación de mi obra de teatro y dos o tres meses para poder hacer el proceso de sucesión de la presidencia que ocupaba. Estimaba que tardaría aproximadamente un año en la búsqueda y en el proceso de admisión.

Poco a poco, empezaba a tener más tiempos libres y me gustaba. Sentía que me vendría bien un poco de tiempo de descanso. Decidí bajarle a mi ritmo de trabajo. Seguiría atendiendo a los clientes y prospectos que ya tenía, pero dejaría de buscar otros nuevos.

De lo que ya me había salido, o estaba en proceso de salirme, decidí continuar con el plan original para dejarlo. Durante ese año que tardaría en empezar mi nuevo doctorado, descansaría un poco. Afortunadamente, soy muy medida con mis gastos, y calculé que podría vivir con algunos ingresos que seguiría recibiendo, y utilizando también mis ahorros mientras obtenía una beca para vivir durante mis estudios. Seguiría dando clases y atendiendo a los clientes que ya tenía y eso reduciría la presión económica.

Mi carga de trabajo y mis ocupaciones fueron disminuyendo paulatinamente. Yo recibía con mucha alegría cada espacio libre que se me iba abriendo. Seguía haciendo lo mismo de antes: si tenía una o dos horas en que no necesitaba hacer una actividad urgente, me dormía. Lo que me sorprendió mucho fue que cada vez dormía siestas más seguido porque cada vez tenía más tiempo. Lo raro era que me seguía sintiendo cansada.

Quizá las primeras semanas me tomaba una siesta uno o dos días de la semana. Conforme pasaron las semanas, tuve más tiempo. Recurría a las siestas casi a diario. Me sorprendía tener tantas ganas de dormir, pero decidí no resistirme.

Empecé a trabajar también en mejorar mi alimentación y en hacer ejercicio. Invertía más tiempo en leer sobre nutrición o cocinando. Probé nuevas formas de hacer ejercicio, a las que les dedicaba mucho más tiempo que los diez minutos diarios que invertía antes.

Pasaron los meses y yo seguía queriendo y necesitando dormir. Continuamente accedía a dormir más pero no salía de mi asombro. Cada vez dormía más, pero no se me quitaban las ganas de dormir. Ahora que lo pienso, es probable que no durmiera tanto como yo pensaba aún en esta etapa en que según yo dormía mucho. Es probable que, con todo y siestas, ni siquiera haya llegado a un promedio de ocho horas diarias. Pero dormía mucho más que antes y no entendía por qué seguía teniendo tanto sueño.

Busqué acomodar mis horarios para ganar una hora más de sueño. Me propuse acostarme una hora antes y levantarme una hora después. En general no lo cumplía porque daba prioridad a algunos compromisos que me surgían. Pero, entre las veces que me dormía antes y las que me despertaba después, logré ganar una hora de sueño. Ahora pienso que con más probabilidad llegué a las siete horas diarias en promedio durante las noches. A mí me parecía que ya estaba en el nivel óptimo porque había leído artículos que decían que lo óptimo era dormir entre siete y nueve horas diarias.

Lo que sí empecé a notar fue que me dejaba de costar trabajo mantenerme despierta en mis clases, conferencias, reuniones de trabajo, o en la misa. Cuando iba en carretera, no me costaba tanto trabajo poner atención y mantenerme despierta.

Empezó a ser más fácil tomar la decisión diaria de empezar a trabajar. Me concentraba con mayor facilidad y me distraía menos. Comencé a sentirme cada vez más contenta y satisfecha al terminar mis días. Tenía mucha menos ansiedad y necesidad de comer entre comidas. Tenía también menos necesidad de ver la tele o jugar con el teléfono. En resumen, me empezaron a pasar cosas raras y maravillosas.

Me llevó algún tiempo reconocer que lo que me pasaba era fruto del descanso. Un día, de forma por completo inesperada, después de tantos meses en que continuamente necesitaba dormir (entre dos y cuatro meses), llegó el día en que no deseaba tomarme una siesta. Incluso llegó el día en que, después de haberme desvelado, no decidí dormirme, aunque no tenía pendientes urgentes. Fue maravilloso. Simplemente, no lo podía entender.

Me di cuenta de que toda mi vida había vivido con un problema llamado cansancio crónico o *burnout*. De hecho, en este libro utilizo los términos de manera intercambiable porque, al final, se refieren al mismo tipo de problema y consecuencias. La diferencia principal es que el cansancio crónico no es tan específico en la fuente de cansancio como el *burnout*, que se refiere específicamente al que es ocasionado por el estrés laboral. Para fines prácticos, en este libro no haré esa distinción, pero dedicaré todo un capítulo al tema del trabajo, que está más enfocado a las fuentes concretas que generan estrés laboral.

Después de algunos años de mi primera lectura del libro sobre el descanso, fue muy extraño cuando releí el capítulo del libro sobre el cansancio crónico y me pareció evidente que yo lo había padecido. Los síntomas estaban ahí y yo había sido incapaz de reconocerlos.

Ahora me queda claro. Mi rendimiento era poco. No me concentraba bien. Estaba irritable. Era muy seca y dura en mis juicios y comentarios. No tenía fuerza de voluntad para ponerme a trabajar. Todo me parecía difícil: trabajar, hacer ejercicio, comer bien. Cargaba un peso continuo que limitaba mi felicidad sin saberlo.

Como dice Fernando Sarraís en su libro, me sentía impulsada a realizar actividades poco convenientes. Todos estos, son síntomas también del *burnout.*

En lugar de trabajar, me ponía a jugar *Candy Crush*. Pensaba que jugaría solo durante diez o veinte minutos, pero a veces, lo hacía hasta por dos horas. Luego me remordía la consciencia y me recriminaba por el tiempo perdido.

Acababa haciendo un trabajo mediocre por falta de tiempo, llegaba tarde a mis compromisos, o tenía que desvelarme para terminar mi trabajo. Había caído en un círculo vicioso. Me di cuenta de que la única forma de salir de ahí era borrando el juego.

Y entonces, otro juego que tenía, y que antes no me causaba tentación, me empezó a llamar la atención. Empecé a gastar mis horas en el nuevo juego. Lo borré también. Sin embargo, al dejar el juego, empecé a dedicarle mucho tiempo a la lectura. Llegué a una conclusión: yo era una persona viciosa.

Sin importar qué hiciera, nunca podría dejar los vicios. Noté que me las arreglaría para intercambiar uno por otro. Me sentía terrible conmigo misma. Me di cuenta de que mi autoestima no era nada buena. Que yo sola me auto limitaba en muchas cosas. Me sentía incapaz de hacer lo que debía. Al terminar mis días, en lugar de estar feliz y disfrutar lo logrado, me limitaba a recriminarme por lo malo. Empecé a ser consciente de ello y a trabajarlo con mi *coach*. Hubo avances, pero no sentía que de verdad estuviera solucionando las cosas de raíz.

En retrospectiva veo que todos estos síntomas los había leído en el libro. Ahora los reconozco y veo que estaban ahí. Lamentablemente, cuando los leí, se los puse a otras personas, pero fui incapaz de reconocerlos en mí.

Ahora bien, por suerte, creo que nunca tuve problemas graves de salud debido a la falta de sueño. Me considero afortunada por esto, ya que conozco personas que sí. Pienso que seguro me afectaba también, solo que no era capaz de reconocerlo.

He leído artículos que dicen que la probabilidad de sufrir una enfermedad psiquiátrica aumenta un 40% cuando los problemas de estrés y falta de sueño se tornan crónicos. También repercute a nivel fisiológico afectando la habilidad para procesar la glucosa e incrementando la probabilidad de sufrir diabetes u obesidad. Provoca también una disminución en la temperatura del cuerpo que puede provocar problemas cardiacos.

También hay estudios de dicen que una noche sin dormir reduce la capacidad de asimilar nuevo conocimiento hasta en un 40%. Afecta también a la memoria y nos vuelve lentos y poco precisos. Incluso puede llegar a producir problemas motores o dificultades en habla.

No sé tú, pero yo sí recuerdo algunos de estos problemas asociados con la falta de descanso. Recuerdo una vez que no dormí nada para estudiar y al día siguiente me temblaban las manos. O muchas veces en las que me costaba trabajo concentrarme y responder preguntas sencillas como "¿qué hora es?". Tenía que detenerme para concentrarme y entender la pregunta antes de poder responder.

En fin, una vez que pude reconocer que tenía un problema con el cansancio, y que estaba saliendo de él, empecé a valorar inmensamente el descanso. Empecé a leer mucho al respecto. Leí sobre el sueño, sus fases, cómo dormir mejor, etc. Empecé a probar cosas para dormir más y mejor. Cambié mis hábitos con respecto a lo que cenaba y empecé a cenar más temprano. Limité mi uso de dispositivos con pantalla por la noche. Probé a tomar tés relajantes y usar aromaterapia con lavanda y otras cosas para dormir mejor.

Yo sabía que los adultos necesitaban entre siete y nueve horas de sueño para estar descansados. De manera arbitraria decidí que, si lograba dormir siete en promedio, estaría perfectamente bien. Con todo, aunque algunos días estaba muy bien, otros días sentía que necesitaba dormir más. Seguía queriendo dormir en misa, o seguía arrastrando los pies y subiendo las escaleras con una lentitud pasmosa. ¿Por qué, si ya estaba durmiendo mis siete horas diarias en promedio? Los días que había dormido menos de siete horas me parecía normal sentirme cansada. Pero los días que había dormido siete o siete horas y media, no entendía por qué.

Fue revelador cuando empecé a medir mi sueño con un anillo creado justo para que las personas puedan medir y mejorar la calidad de su sueño (ouraring.com). Estaba muy emocionada, creo que porque quería reafirmarme a mí misma que estaba haciendo las cosas bien. El primer gran descubrimiento que hice fue que, en promedio, seguía durmiendo menos de siete horas. Yo juraba que dormía como siete y media cuando, en realidad, mi promedio andaba alrededor de seis y media. Mi objetivo era irme a dormir a las once, pero rara vez lo lograba. Mi objetivo era levantarme a las siete, pero también era raro que lo lograra.

Me ayudó mucho cuando empecé a contar con datos reales. Mi aplicación evalúa la calidad de mi sueño y qué tan lista estoy para afrontar el día. Me frustraba no poder sacar más de 80. Volví a hacer ajustes a mis horarios, hábitos y rutinas. Además, me di cuenta de que no necesito siete horas, sino alrededor de ocho y media, en promedio. Esto es diferente para cada persona y cambia también según las diferentes etapas de la vida.

Al ver mis gráficas, me di cuenta de que cuando solo dormía siete horas, no llegaba a los porcentajes adecuados de sueño REM (sueño de movimientos oculares rápidos, siglas por *Rapid Eye Movement*). Es decir, no estaba teniendo el tipo de sueño que ayuda a que se fijen los recuerdos y a que podamos utilizar todo nuestro potencial creativo. Además de que, no es por nada, pero me encanta soñar. Adoro tener esos sueños locos en que pasan cosas que no son del todo coherentes, y que luego me dejan un buen sabor de boca. Como que lo disfruto y, además, me deja la impresión de que dormí bien.

Con esto, obtuve dos grandes aprendizajes. En primer lugar, no puedo decidir arbitrariamente lo que mi cuerpo necesita. Debo saber que mi cuerpo es único y que, dentro de los parámetros normales, necesito aprender a conocerlo y a escucharlo.

En segundo lugar, aprendí que tiendo a hacer mediciones aproximadas que terminan por estar muy lejos de la realidad. Es decir, tiendo a interpretar la realidad y autoengañarme. Hago mis mediciones aproximadas para decirme lo que quiero escuchar. No hay nada como los datos duros. Me di cuenta de que vale mucho la pena utilizar herramientas que me ayuden a conseguirlos.

Es impresionante cómo ha cambiado mi vida ahora que he puesto como prioridad mi descanso. Me siento despierta en la mayoría de mis actividades, a cualquier hora del día. He podido dejar los vicios casi sin esfuerzo. Adiós juegos en mi teléfono o en el *ipad*, estén o no estén ahí. Simplemente, ya no me llaman la atención. Es más, si veo que algo me empieza a enviciar, de forma automática entiendo que tengo un problema. Significa que estoy ansiosa por algo o que no estoy descansando lo suficiente.

Ahora puedo manejar en carretera sin tener que pasar por mi *frappé* para evitar dormirme. Me es fácil decidirme a empezar a trabajar, a preparar mis sesiones, o avanzar con mis pendientes. Me concentro muy rápido y fácil. El tiempo se me pasa volando cuando trabajo. Soy más productiva. Disfruto mucho más mi trabajo y los procesos de aprendizaje que voy viviendo.

Cuando termino mis días, estos están llenos de satisfacciones y alegrías. Ya casi no hay reproches y culpas. El descanso físico me abrió la puerta a una felicidad que nunca había experimentado ni imaginado. Cada día es nuevo, bueno, sorprendente y maravilloso. Con el descanso físico empezó en mí una transformación profunda que nunca dejaré de agradecer.

Ahora me queda clarísimo que descansar lo que necesitamos no es ser flojos. Al contrario, descansar es la clave para poder ser productivo. Nos permite dejar de procrastinar y acometer las cosas con facilidad y concentración. Gracias al descanso podemos tomar buenas decisiones y hacer las cosas bien y a la primera. Llego a la conclusión de que, ni era floja antes, ni lo soy ahora. Soy una persona inquieta y activa. He dicho adiós a la culpabilidad que antes sentía cuando descansaba y ahora considero el descanso como una bendición que me permite estar llena de vida y hacer mejor mis cosas, ya no en automático, sino con plena consciencia y capacidad para disfrutarlas.

Conclusiones

Uno no puede cambiar de un día para otro, de un mes para otro, o incluso de un año para otro. Nos lleva tiempo cambiar la forma en que hemos vivido y tomado decisiones toda nuestra vida. En mi caso, me la pasé más de veinticinco años de mi vida, de los quince a los cuarenta, queriendo siempre hacer más cosas y organizando mis días para lograrlo. Continuamente veía nuevas oportunidades y ajustaba mi agenda para meterlas ahí. Luego, de forma inconsciente, decidía hacer siempre más cosas y a dejar de lado las horas de sueño.

Desde que empecé a priorizar el descanso, he tenido varias recaídas donde vuelvo a mis tendencias originales. Seguido tengo que estar haciendo consciencia de mis prioridades. Necesito decidir cuáles oportunidades perseguir, cuáles dejar ir, y cuáles "guardar" para un mejor momento. Tengo la fortuna de tener un *coach* y una gran amiga que me ayudan a ver cuando me vuelvo a deslumbrar con una nueva oportunidad y quiero tomarla. Son como un espejo que me refleja mis intenciones de volver a abarcar más de lo que puedo. Y son una bendición para mí porque eso me permite reflexionar y cambiar mis decisiones para volver a priorizar mi descanso. O, en otras palabras, para priorizar mi felicidad.

Veo que me es muy útil contar con la tecnología. Hay muchas aplicaciones y *wearables* (tecnología que nos ponemos: como pulseras, bandas y relojes) que nos pueden ayudar para tener datos y registros precisos. También hay herramientas más sencillas, como los tradicionales formatos y cuadernos, que nos sirven para registrar y analizar nuestros tiempos. Particularmente, recomiendo el hábito de medir nuestras horas reales de sueño. Yo he visto que con facilidad me descuido y empiezo a dormir menos de lo que creo. Cuando veo la calificación diaria sobre mi descanso y analizo mis promedios, puedo corregir rápido sin esperar a tener un desvío importante.

Procuro mantener mis horas de sueño entre siete y media y ocho en promedio. Eso significa que debo planear entre ocho y media y nueve horas entre la hora en que quiero irme a acostar y el momento en que planeo levantarme. He visto que muchas veces me tardo en acabar la última actividad que esté haciendo, o en prepararme para dormir, y termino durmiéndome más tarde de lo planeado. La hora de levantarme también es variable porque ahora, muchas veces, me levanto sin requerir despertador.

Otra cosa muy útil es hacer un breve análisis de mis actividades una vez al mes. Por lo menos una vez al trimestre. Me gusta registrar todas las actividades a las que les dedico tiempo, incluyendo las reuniones sociales, tiempo para dormir, hacer ejercicio, aseo personal, etc. Enlisto todas mis actividades diarias y las responsabilidades o proyectos que tengo. Contabilizo el tiempo que necesito dedicarles y veo cuántas horas "teóricas" se necesitan para poder hacerlo todo. Normalmente, me doy cuenta de que mis horas teóricas para cumplir con esas metas y actividades son mayores a las horas que de verdad tengo. En general tengo que hacer ajustes. Si hago este ejercicio una vez al mes, los ajustes son menores y más fáciles de hacer. Si lo voy espaciando, sin darme cuenta me voy comprometiendo con más cosas, y mis ajustes se vuelven más complicados.

He visto que también es muy importante, y quizá sea un trabajo de toda la vida, aprender a escuchar y a entender a mi cuerpo. Por fortuna, es algo que además me parece fascinante. Analizar y entender lo que pasa, hacer teorías y probarlas se vuelve algo muy interesante. He visto que, si ajusto mis actividades al nivel de energía que tengo en un día dado, haré con mejor calidad las cosas y seré más productiva. En un día que me siento más cansada, el ejercicio tendrá que ser más suave. Si no tengo mucha energía, conviene hacer cosas que impliquen menos pensamiento y más tareas sencillas, de esas que solo quitan el tiempo, pero no son difíciles.

Vale la pena ser flexible porque en esos días puedo avanzar en varias cosas sencillas en lugar de perder tiempo tratando de decidirme a hacer cosas complejas. Eso me representará un buen avance ese día, y cargaré baterías para el siguiente. Si veo que necesito una siesta, también he aprendido que muchas veces vale la pena tomarla. De todos modos, ahora que en general me siento descansada, es algo que mi cuerpo me pide en muy raras ocasiones, aun y cuando me haya desvelado el día anterior.

Algunas personas con hijos pequeños con las que he hablado o trabajado este tema me preguntan qué pueden hacer si los hijos siempre están ahí y ellos no tienen esa oportunidad de tomarse una siesta. Por supuesto, no tengo una respuesta mágica que siempre funcione. Mi respuesta infalible es: maña y creatividad. Prueba y error. Primero hay que trabajar más bien para modificar cosas que nos ayuden a dormir lo suficiente y lograr que no tengamos necesidad de una siesta.

Y si aún así lo requerimos alguna vez, buscar la forma de manera creativa. La idea es que, después de algunas pruebas, puedas encontrar una o más formas. Lo más probable es que termine por ser una variación de alguna de las tres opciones siguientes: aprovechar si ellos también duermen siesta para dormir nosotros al mismo tiempo, pedir apoyo a alguien que los cuide mientras nosotros descansamos (esposo o esposa, abuelos, tíos, hermanos mayores, vecinos), o acudir a aquello que sabemos que los entretiene por más tiempo y buscar un lugar estratégico para dormir donde podamos reaccionar rápido si nos necesitan. De todos modos, si trabajas en la prevención, esto no debería ser un problema recurrente. Aún si no pudieras tomarte una siesta, puede bastar con que elijas una actividad tranquila que te ayude a relajarte un poco como leer un cuento, colorear, o seguir jugando y conviviendo con tu hijo mientras tú estás recostada en el suelo o en la cama.

De hecho, vivir con otras personas siempre implicará la necesidad de aprender a comunicarse con ellos para que cada uno sepa lo que el otro necesita, y juntos busquen la manera de cuidar las necesidades del otro. Vivir en familia, en pareja, o hasta con alguien con quien compartes tu casa o departamento, implica una necesidad de adaptación continua de parte de todos. Por ejemplo, ahora que vive una amiga conmigo, lo que a mí me ha funcionado mejor es explicarle mis necesidades y hacerle peticiones concretas. Así, me he adaptado a lo que ella necesita, y ella se ha podido adaptar también a lo que yo necesito. Sigo aprendiendo a no asumir, sino a preguntar por sus planes y a comunicar los míos.

Antes me molestaba que, después de haber vivido sola en Puebla, cuando regresé a la ciudad de México, mi mamá me pedía que le avisara a dónde iba y a qué hora regresaba. Cuando empecé a vivir con mi amiga, me di cuenta de que ahora yo quería que ella me avisara a qué hora iba a llegar para ver si la esperaba para cenar juntas. Cambió mi forma de ver las cosas porque me di cuenta de que esta cuestión de avisar ya no tiene nada que ver con control ni con permisos, sino que es un tema práctico para que cada quien pueda organizarse.

Para el tema del descanso le pregunto cómo estarán sus planes en la noche para ver si vamos a cenar juntas, y así organizar mis tiempos y actividades en torno a sus planes y a la hora que yo quiero acostarme. A veces espero que ella me diga, pero he visto que normalmente eso no me funciona. Si no pregunto, a veces termino asumiendo cosas que no suceden y molestándome por detalles tontos que podrían haberse evitado. He visto que, si quiero saber algo, lo mejor es preguntar y no esperar a que el otro me lo diga.

Lo mismo pasa con los horarios y espacios: si quiero encerrarme sin que me molesten, para concentrarme en algo o dormirme, procuro decirlo. En mi casa nunca están cerradas las puertas de las recámaras y una puerta cerrada implica tácitamente "no molestar", pero, aun así, las cosas funcionan mejor cuando comunico de manera explícita cuánto tiempo estaré encerrada y para qué.

Y con los lugares comunes, como la sala o el comedor, pasa igual. Si quiero hacer algo ahí, procuro no incomodar. Me gusta ser cuidadosa también cuando me despierto antes que los demás en la mañana, para evitar despertarlos. O cuando toco la guitarra, encerrarme o hacerlo a una hora en que no sea molesto. Como dije, lo importante es la comunicación y la negociación entre todos los que viven juntos. No podemos esperar que los otros adivinen lo que nosotros necesitamos, es importante decirlo y solicitar su ayuda. Creo que, con un poco de colaboración, siempre se puede llegar a buenos acuerdos ganar-ganar para ayudar a que el otro tenga lo que necesita, y tú también. Y esto es de igual manera aplicable para cuidarse unos a otros con respecto a su tiempo y necesidades de descanso físico y emocional.

Por último, no solo es importante cuidar la cantidad de sueño sino también su calidad. Aquí también está de nuestro lado la tecnología. Hoy puedo ver cómo son mis ciclos de sueño. Mi aplicación me dice cuánto tiempo pasé en cada una de las fases, cuántas veces me desperté durante la noche, y qué tanto me moví.

Si tomas el hábito de llevar un simple registro de la cantidad y calidad de tu sueño, esto te ayudará mucho a ir sacando conclusiones para poder mejorar tus hábitos de higiene del sueño.

Por ejemplo, yo tengo muy claro que, cuando tomo alcohol con la cena, no duermo tan bien. Ahora tengo una buena excusa para no tomar alcohol en la noche que, de todos modos, nunca me ha agradado. A lo mejor los demás me juzgan igual si me niego a tomar porque no me gusta el alcohol que si lo hago porque quiero dormir bien. Pero para mí es indiferente, ambas razones son reales, y siento que esto de querer dormir bien, me lo entienden mejor. Si quiero tomarme una cerveza o una copa de vino, prefiero organizarme bien para hacerlo a la hora de la comida. Si salgo a cenar a un restaurante, procuro tomar té o agua simple.

También intento dejar de ver mi teléfono una o dos horas antes de irme a dormir. Eventualmente veo y contesto algún mensaje de *WhatsApp*, pero me cuido de no hacer ninguna actividad que me requiera más atención y esfuerzo ocular con la pantalla por más de cinco minutos.

En otras épocas de mi vida sí me ponía a contestar todos mis mensajes, a leer artículos, ver videos, e investigar cosas antes de dormir. De todos modos, estaba tan agotada que, en cuanto decidía dormirme, me dormía en seguida. Pero ahora, prefiero cuidarme. Por primera vez en mi vida, ya no me quedo dormida de inmediato, tampoco duermo siempre con la profundidad de antes. Todavía me quedo dormida en menos de 5 o 10 minutos y normalmente no me despiertan los ruidos ni impiden que me duerma, pero para mí la diferencia sí es notoria. He visto que las pantallas sí influyen, y prefiero alejarme de ellas. Ya no me importa tanto dejar varias de esas cosas para el día siguiente. Excepto cuando a consciencia decido consentirme de otra forma y desvelarme viendo una película en viernes o sábado por la noche.

Cuido también otras cosas como la hora de cenar, el dolor de espalda y de cuello (o los estiramientos que necesito hacer en el día), la luz de la habitación y la temperatura. Cada uno tiene que ir descubriendo qué cosas no son óptimas en sus rutinas y a qué grado está dispuesto a cambiar para cuidarlas. Por eso, prefiero dejarte aquí unas medidas generales de higiene del sueño para que tú evalúes cómo estás.

No a todos nos afectan las cosas de igual manera. Hay personas que pueden dormir muy bien incluso tomando cafeína o haciendo ejercicio antes de dormir. Pero te compartiré las medidas generalmente aceptadas y probadas para ayudarte a dormir mejor. Puedes ir haciendo los ajustes que más te hagan sentido e ir viendo su impacto. Para poder entender mejor cómo te afectan las cosas, lo mejor es ir haciendo una prueba a la vez, durante una o dos semanas, por ejemplo. Ya que entiendas cómo te afecta una cosa, puedes probar la siguiente.

1. Establece un horario regular para irte a dormir y levantarte. Hasta en fines de semana. Lo ideal es que los horarios de dormirse y levantarse no varíen por más de veinte minutos.

2. Evita el consumo de alcohol al menos cuatro horas antes de acostarte. Puedes pensar que el alcohol te ayuda a quedarte dormido. Y aunque esto es cierto para algunas personas y en cantidades moderadas, también disminuye la calidad del descanso.

3. Evita la nicotina (fumar) al menos cuatro horas antes de acostarte.

4. Evita las bebidas estimulantes seis horas antes de acostarte. Todo lo que tiene cafeína, teína o chocolate. Esto incluye muchos tipos de refrescos, cafés y tés.

5. Evita comer dos o tres horas antes de acostarte. Evita en especial las bebidas carbonatadas y los alimentos pesados, grasosos, picantes o dulces cuatro horas antes de acostarte. Elige una cena ligera pero no te vayas a cenar con sensación de hambre. Encuentra los alimentos que te ayuden a relajarte, puede ser algún té sin teína o un vaso de leche caliente.

6. Haz ejercicio de manera regular y mantente activo. Esto es esencial para que puedas descansar bien. Tan solo diez minutos de ejercicio aeróbico al día ayudarán a descansar mejor. Es mejor hacer ejercicio por la mañana. Evita hacer ejercicio tres o cuatro horas antes de acostarte porque te activará el organismo.

7. Selecciona y duerme con un colchón y almohadas cómodas.

8. Duerme en un lugar fresco. Puedes controlar la temperatura del cuarto, del colchón, de la almohada o de las sábanas. Hay muchos tipos de tecnología para controlar todos estos factores. Utiliza ropa de cama permeable y fresca. El cuerpo pierde temperatura durante la noche y si tus sábanas y cobijas no la dejan escapar, te dará calor.

9. Duerme en una habitación bien ventilada.

10. Duerme en un lugar lo más silencioso posible.

11. Bloquea toda la luz que te sea posible y deja todos tus aparatos electrónicos en otra habitación o lo más lejos que puedas.

12. Utiliza un despertador y no veas el reloj si te despiertas por la noche. Entrénate para tener la confianza de que, si no ha sonado el despertador, es hora de dormir.

13. Utiliza tu cama solo para dormir y para el sexo. Evita hacer otras actividades en la cama que impliquen actividad mental, como ver la tele, el teléfono o leer. Educa a tu cerebro para que relacione la cama con el sueño y puedas tranquilizarte y dormirte pronto.

14. Evita siestas prolongadas. La duración ideal para que te despiertes descansado es entre veinte y treinta minutos. Nunca te tomes una siesta por la tarde-noche.

15. Si no consigues conciliar el sueño en unos quince minutos, es preferible salir de la cama para relajarte en otro lugar y volver a la cama con sueño. De preferencia, no enciendas la luz.

16. Evita la exposición a luz brillante a última hora de la tarde y por la noche.

17. Crea un ambiente que favorezca y ayude a mantener el sueño. Usa colores relajantes. Que sea un lugar limpio, ordenado y espacioso. No duermas en un lugar con muchas cosas o en desorden, ya que esto dará muchos estímulos y preocupaciones a tu cerebro.

18. Construye y sigue un ritual para una o dos horas antes de acostarte donde hagas actividades relajantes y predecibles. Puedes tomar un baño, lavarte los dientes, escuchar música, o meditar. Evita esfuerzos, estímulos mentales o físicos, trastornos emocionales y luces fuertes. Acostumbra a tu cerebro a ese ritual que lo preparará para dormir bien.

19. Cuida la exposición adecuada a la luz diurna. La exposición a la luz del sol en el tiempo del día y a un ambiente oscuro en la noche ayuda a mantener un ciclo sano. Esto es especialmente importante para las personas que pasan la mayor parte de su tiempo bajo techo y no salen con regularidad.

20. Evita que tus mascotas o animales domésticos duerman contigo.

Finalmente, me gustaría compartirte un breve diagnóstico que he desarrollado para ayudarme a mantener buenos niveles de descanso y para detectar cuando me estoy alejando de ellos. Notarás que este diagnóstico es una de las secciones del diagnóstico completo. Te dejo las dos opciones por si es más funcional para ti hacer pequeños diagnósticos más específicos que uno largo y general.

Me considero una persona metódica y práctica y veo que los diagnósticos periódicos me ayudan a no descuidarme del todo. He visto que las veces que quiero confiar solo en mi sentido común, termino desviándome de mis objetivos o rutinas sin darme cuenta. Por eso me gusta complementar con herramientas externas que me ayuden a encontrar y corregir desviaciones.

Puedes buscarlo al final de este libro o descargarlo en:

www.desequilibrioconsciente.com/descanso/kitlibro/

Capítulo 3

Un cuerpo fuerte y capaz

Tan solo requerí de unas cuantas observaciones e instrucciones de parte de mi sobrino, para lograr hacer un salto mortal en el *tombling* (cama elástica), a mis cuarenta años, y volver a caer parada. ¿No es maravilloso llegar a los cuarenta con un cuerpo que todavía pueda hacer esas cosas?

Quizá te preguntas qué tiene que ver el ejercicio con un libro sobre el descanso. Y no podía dejar de ser un capítulo vital de este libro porque la actividad física es fundamental para reducir el estrés, para descansar bien, y para tener más energía.

La actividad física incrementa el tiempo que pasamos en la fase de sueño profundo, que es la fase donde nuestro cuerpo se recupera más. En esta fase se promueve una mejor respuesta inmunológica, se mejora la salud de nuestro sistema cardiaco y se controla el estrés y la ansiedad.

Como la actividad física requiere que gastemos energía, nos ayuda a estar más cansados y preparados para dormir al final del día. Si lo hacemos de manera consistente, nos ayuda a mejorar la cantidad y calidad de nuestro sueño. Me impresionó que leí que Michael Phelps, medallista olímpico de natación, requiere de hasta doce horas de sueño en un día para recuperar la energía gastada en sus entrenamientos y sentirse listo para afrontar los retos del día siguiente.

Como el ejercicio nos ayuda a generar endorfinas, y además nos distrae, nos ayuda de manera natural a disminuir nuestro estrés. Es más, se considera que el ejercicio es en general un buen remedio para los problemas de ansiedad. Y con menos estrés y ansiedad, podremos conciliar el sueño con más rapidez al irnos a dormir. Se considera que el ejercicio nos ayuda, en general, con problemas de insomnio y mala calidad del sueño.

Así que, después de esta breve introducción, me gustaría platicarte un poco sobre mi propio camino y descubrimientos con respecto al ejercicio y el descanso.

Por alguna razón, desde pequeña, la salud siempre ha sido una de mis prioridades más importantes. Por salud he sido capaz de vencer grandes dificultades, tanto a la hora de privarme de alimentos, como en lo relativo al ejercicio.

En mi familia siempre ha habido una tendencia fuerte a subir de peso. Tengo tres hermanos y todos ellos han transitado al sobrepeso, y quizá hasta la obesidad, en varios momentos de su vida. Incluso en mi familia extendida, calculo que el 70% tiene algún grado de sobrepeso. Creo que, en mi caso, tuve la suerte de que siempre me gustaron los deportes de equipo. Ahora pienso que también ha influido bastante el hecho de ser tan activa, porque seguramente eso me lleva a quemar muchas calorías. El caso es que siempre me he mantenido dentro de los límites normales de peso para mi edad y estatura.

Como me encantan los deportes y me interesa mucho mantener una buena salud, he buscado hacer, por lo menos, lo suficiente para poder mantener mis músculos sanos. Me gusta saber que tengo suficiente salud, fuerza y flexibilidad, para hacer todo lo que demanda mi vida diaria. Y un poco más. No me gusta sentirme limitada por mi cuerpo, en especial en reuniones donde se organiza un deporte espontáneo, me gusta participar. También disfruto mucho los viajes y las oportunidades de conocer cascadas y lugares escondidos. A veces los trayectos son largos y no tan fáciles, por lo que siempre viene bien saber que tienes, relativamente, buena condición física.

Puedo decir que la última vez que practiqué un deporte en forma fue como a los veintisiete años. Después de eso, pasé por intervalos irregulares en los que participaba en algún torneo de futbol, voleibol o *ultimate frisbee*. Sin embargo, cada vez me lastimaba con mayor facilidad. Especialmente los tobillos, que ya habían quedado muy resentidos por haber tenido entre siete y diez esguinces cada uno. Así que, en cierto momento, me resigné a que las lesiones pasadas de mi cuerpo ya no me permitían estar activa en el deporte de competencia. Me di cuenta de que me convenía buscar otra forma de mantener la condición física.

Un amigo me recomendó una rutina de siete minutos para mantener mi condición física cuando no disponía de mucho tiempo para hacer ejercicio. Cuando me la recomendó era revolucionario pensar que, con tan solo siete minutos diarios de ejercicio, fuera posible tener buenos resultados. Ahora hay muchísimas aplicaciones para *IOS* y para *Android* que manejan esta rutina. También puedes encontrar en internet las tablas si pones en *Google* "rutina de ejercicios de siete minutos". Se ha vuelto todo un clásico y, para mí, ha sido la roca que me ha mantenido con buena condición física durante los momentos de mayor carga de trabajo.

Resulta que, en este tipo de rutinas HICT (*High Intensity Circuit Training*), se puede obtener la misma fuerza, condición física y quema de grasas en un tiempo mucho menor que el que se requiere en otro tipo de entrenamientos. Eso sí, como son muy demandantes, pueden ser peligrosas para personas con sobrepeso y/o problemas de presión o hipertensión, y hay que cuidar mucho que los ejercicios se hagan de forma correcta para evitar lesiones. En mi caso, aun después de muchos años de utilizar este tipo de ejercicio, dependiendo de lo cansada que esté y de lo intenso que ha sido mi entrenamiento en la semana, voy cambiando la intensidad de lo que hago. Por ejemplo, varío la velocidad de los ejercicios aeróbicos, hago medias lagartijas con las rodillas sobre el suelo o utilizo diferentes variaciones de abdominales.

De hecho, he visto que, tanto en mi caso como en el de varias personas que han trabajado conmigo con relación a este tema del ejercicio, aunque de jóvenes éramos personas sumamente activas y deportistas, con las presiones y horarios laborales terminamos por perder ese buen hábito. Pero la buena noticia es que, con un poco de resolución y creatividad, podemos reacomodar nuestras actividades y prioridades y encontrar un nuevo esquema para mantenernos sanos haciendo ejercicio. Tengo muy presente un par de casos en los que mis *coachees* empezaron a hacer ejercicio de nuevo, uno a correr y otro a ir a clases de box, y les cambió la vida no solo con relación a su condición física, sino también en lo relativo a su humor, relaciones y productividad.

Además de la rutina de *seven*, he probado otras rutinas y me he hecho con una especie de gimnasio casero. Tengo ligas, mancuernas, una barra y un aditamento de TRX. Entre todo esto, y los ejercicios de peso libre, tengo más que suficiente para mantenerme fuerte y con buena condición aeróbica. Por si fuera poco, todo esto lo he hecho adaptándome al tiempo y nivel de energía de cada temporada de mi vida. Tengo una aplicación llamada "seconds" con la que creo mis rutinas de ejercicios y tiempos definidos por mí, o sigo la clásica rutina precargada de siete minutos que comenté antes.

Me adapto a la carga de trabajo y al nivel de energía que tengo cada día y que voy acumulando en la semana según el nivel de descanso que voy logrando. Puedo mantenerme sana con una combinación de rutinas donde unos días solo dedique diez minutos o menos y otros me enfoque en seguir incrementando mi fuerza, flexibilidad y logros con rutinas más largas y específicas para lograr algún objetivo particular. Busco, en la medida de lo posible, hacer los 150 minutos de ejercicio moderado (o 75 minutos de ejercicio vigoroso) que recomienda la Organización Mundial de la Salud (OMS) cada semana. De hecho, procuro hacer los 150, pero con una combinación de ejercicios moderados y vigorosos, para que mi cuerpo también pueda reponerse bien después de las veces en las que le exijo mucho.

También he visto la importancia de las rutinas de estiramiento y las que ayudan a mejorar la postura. Terminan siendo el diferencial entre una buena o mala noche —y son una bendición cuando necesito invertir más horas de trabajo de oficina— evitando las molestas incomodidades de cuello o espalda. De hecho, también he puesto atención últimamente a la importancia de levantarme, moverme y estirarme después de cada 50 minutos de estar trabajando sentada frente a la computadora. He leído muchos artículos que dicen que eso es muy benéfico para nuestro cuerpo, espalda y cuello, y lo estoy aprovechando también para hacer un poquito de fuerza al hacer un par de sentadillas, fondos o lagartijas a lo largo del día.

Ahora me parece extraño que no me diera cuenta antes de lo importante que era el ejercicio. No me refiero solo a la fuerza y la condición aeróbica, sino a mantener también una buena flexibilidad y control de mis movimientos. Supongo que por eso me lastimé tantas veces haciendo deporte. El caso es que yo estaba satisfecha con lo que tenía. Daba por hecho que la flexibilidad se perdía con la edad. Así que hice muy pocos esfuerzos por ganar flexibilidad a lo largo de mi vida. Si acaso, alguno que otro esfuerzo temporal cuando los médicos me recomendaban hacer estiramientos para superar alguna lesión.

Hoy se ha ido transformando, y se sigue transformando, mi relación con el ejercicio. Está dejando de ser algo difícil y tortuoso para convertirse en algo apasionante. Además de volverse un gran aliado para poder tener días con más energía.

Yo había oído que mucha gente decía que el ejercicio le daba energía, pero, lamentablemente, no lo había experimentado más que una vez en mi vida. Fue tan raro, que creo que es un recuerdo que siempre tendrá mucho peso. Salimos de entrenar como a las nueve o diez de la noche y, en lugar de querer ir a dormir, quería hacer más cosas porque me sentía llena de energía, demasiado activa, y quería comerme el mundo. No entendía qué pasaba, pero se sentía bien. Como nunca volvió a pasar, pues lo atesoré como una experiencia interesante y me olvidé del tema.

Hay muchas investigaciones en las que se han comprobado los múltiples beneficios del ejercicio para la salud. Las personas que hacen ejercicio generan endorfinas. Este tipo de neurotransmisores nos proporciona una sensación de felicidad y nos ayuda a reducir la ansiedad y el estrés. Básicamente, nos permiten tener más energía y mejor humor durante todo el día.

Y si de por sí el ejercicio genera endorfinas, es aun más potente el resultado cuando se trata de algún deporte o actividad que nos resulte apasionante. En lo personal, eso es lo que me ha pasado porque me voy poniendo metas de poder hacer movimientos o ejercicios cada vez más complicados y, cuando voy avanzando, esto me genera gran satisfacción.

Y, por supuesto, también se genera una cantidad extra de bienestar cuando las personas con las que hacemos ejercicio son personas cercanas a nosotros y con quienes terminamos estrechando lazos gracias al ejercicio. He tenido varios *coachees* que se han propuesto hacer ejercicio con su familia. Recuerdo una persona que terminó haciendo rutinas de *aerobics* en casa con toda su familia y estaba feliz por poder compartir ese momento con ellos. O el caso de otro de mis *coachees* que quería que su hijo corriera con él, pero como al hijo no le gustaba correr, no lograban hacer ejercicio ni él ni su hijo. No fue hasta que le pregunté qué tipo de deportes disfrutaba su hijo que pudieron encontrar algo que podían compartir y que, además de ayudarles a estar sanos, ayudó a estrechar su relación.

Por otra parte, cualquier órgano que no se usa, decae y deja de funcionar. Por eso, cuando hacemos ejercicio ayudamos a que todo nuestro organismo funcione bien. Generamos una demanda que obliga a nuestros músculos a mantenerse en buen funcionamiento. El ejercicio influye en todo el cuerpo: aparato nervioso, circulatorio, digestivo, respiratorio, endocrino, etc. Está comprobado que quienes hacen ejercicio, envejecen mucho más lento y con mejor salud.

Parece mentira, pero además de la salud, una de las cosas que más me motivan a hacer ejercicio es que así puedo disfrutar más de mis alimentos. Simplemente, amo comer. Y resulta que, mientras más calorías queme haciendo ejercicio, más calorías necesito comer (y disfrutar). Esto me ayuda a decidirme cada vez que tengo mucha flojera o resistencia para empezar.

Poco a poco, también he visto cómo cambia mi cuerpo y se empiezan a marcar los músculos. En especial lo noto con los hombros y me encanta. La verdad, es algo sumamente estimulante. Me da un poco de vergüenza reconocerlo, pero la vanidad también me ha ayudado a querer más. Me reto a hacer cosas más difíciles y a adquirir más fuerza y más músculo. Siempre he soñado con un abdomen marcado. No sé si algún día lo logre, pero es algo que me ilusiona cuando los ejercicios de abdomen se ponen difíciles.

Por otro lado, me encanta poder hacer cosas que otras personas de mi edad no pueden. Así como narré al principio del capítulo, aún puedo hacer saltos mortales en el *tombling*, o ruedas de carro y "marometas" en el pasto. Continuamente me paro de manos en mi casa con el reto personal de aguantar cada día un poco más sin perder el equilibrio. Y me encantó una vez, cuando unas personas que yo ni conocía, me felicitaron y se sorprendieron porque me había levantado del suelo sin necesidad de apoyar las manos.

Además, mientras más avanzo en mi condición física, fuerza, flexibilidad y control, más segura me siento de poder participar en algún partido entre amigos. He visto que cada vez me lastimo menos. Mis tobillos ahora son más fuertes que antes y confío más en ellos. Ya no me he vuelto a lastimar con un mal paso al caminar en terreno plano. E incluso, he participado en varios partidos amistosos de diversos deportes sin vendarme los pies, y sin lastimarme tampoco.

Algo que me ha ayudado mucho, en relación con la energía y facilidad para ser productiva, es la buena postura. Es impresionante cómo me cambia la postura cuando hago ejercicio para tener un abdomen fuerte, o para corregir las compensaciones que me han llevado a tener mala postura. Hay muchos buenos recursos en internet para saber qué ejercicios podemos hacer. También me han ayudado el quiropráctico y mi fisioterapeuta.

He buscado ejercicios concretos para estar más derecha y para corregir algunos problemas que tengo con mi cadera. Me han gustado, en especial para la postura, dos personas que tienen varios videos y artículos en internet: Jeremy Ethier o Justin Archer (*the posture guy*), pero he visto varios otros que también me han servido. Eso sí, nunca me quedo con lo primero que veo, sino que busco varios, y voy probando cosas y formando mi propio criterio dependiendo de la forma en que cada persona fundamenta sus consejos.

Cuando corrijo mi postura y tengo mis músculos fuertes, me siento de forma completamente natural, con la espalda derecha, y me es fácil hacer las cosas. Y no puedo dejar de mencionar también que esa buena postura me ayuda a verme más delgada y sin llantitas, lo cual no es un beneficio menor. De la misma manera, puedo estar de pie o caminando por varias horas. Soy capaz de durar mucho tiempo trabajando en la computadora, lavar los trastes o cocinar sin que me pese después el dolor de espalda. Y también en las noches puedo dormirme rápido, y quedarme en la misma posición por mucho tiempo seguido sin que me cueste trabajo encontrar una postura cómoda.

Esto no siempre fue así. De hecho, hace algunos años, mi espalda y cuello estaban tan tensos, que tenía un dolor crónico que a veces se hacía casi insoportable al trabajar con la computadora, manejar, o lavar los trastes. Para corregirlo, acudí al quiropráctico y a la fisioterapia, y puedo decir, con toda la satisfacción del mundo, que ya llevo años sin recaer en ese problema. Creo que esto ha sido fruto de muchas cosas, más estiramientos y ejercicio, mejor postura, mejor descanso, y menos estrés.

Hace poco, descubrí una nueva forma de hacer ejercicio y me gustaría compartirla contigo. Cambió por completo mi filosofía y relación con el ejercicio. Todo esto es promovido por una empresa llamada GMB (gmb.info) y me ha encantado. Con ellos aprendí a poner atención tanto a la fuerza física como a la flexibilidad y el control de mi cuerpo. Hoy puedo agacharme con las piernas estiradas y juntas, y tocar el suelo con las manos con mayor facilidad de lo que lo hacía a mis doce años.

El enfoque que ahora he puesto en la flexibilidad y en la capacidad de controlar mis movimientos me ha ayudado mucho. Yo nunca había dado importancia al control, pero he descubierto que se puede desarrollar y que es algo muy útil. Es una gran herramienta para poder perfeccionar y automatizar los movimientos que requiere cualquier deporte y para evitar lesiones.

Pero además de poner atención en todos esos elementos: condición física, fuerza, flexibilidad y control, he aprendido otras cosas. He aprendido a hacer mi ejercicio de forma enteramente consciente y a analizar cómo estuvo cada una de mis sesiones. También, a darme cuenta de dónde avancé, lo que hice bien y lo que me falta. He hecho mil pruebas y ejercicios para lograr aumentar mi flexibilidad y no caerme de pompas al hacer una sentadilla profunda. He aprendido a sentir y a escuchar mi cuerpo. Y he aprendido a hacerle caso y autorregularme cuando me pide un poco de descanso, haciendo sesiones menos demandantes. He diseñado sesiones de ejercicio tanto tranquilas como demandantes para decidir qué hacer según me voy sintiendo cada día. Todo esto evita las lesiones y acelera las mejoras, porque me ayuda a ser consciente de lo que necesito trabajar más. Disfruto cada vez que logro hacer una lagartija más. Hasta ahora, mi récord es ocho, quiero poder llegar a hacer diez diarias sin mayor esfuerzo, voy por buen camino.

Otra cosa que he aprendido es a experimentar y jugar mientras exploro diferentes tipos de ejercicio. He estado haciendo ruedas de carro de ambos lados y pidiendo que me graben en video para ver dónde doblo las rodillas o para descubrir otras cosas que necesito mejorar. Continúo practicando aunque sé que, de momento, del lado izquierdo me salen feas. Lo que es seguro es que van mejorando poco a poco y que ya no me da tanto miedo como al principio. Me he dado cuenta de que, si no nos permitimos probar y sentir las cosas de diferentes maneras, no damos oportunidad a que nuestro cuerpo vaya encontrando la mejor forma de hacerlas. Ahora sé que es importante jugar y experimentar con mente abierta. Aprendemos mucho y se disfruta un montón. Se disfrutan los fracasos y los éxitos. Como este tipo de práctica nos vuelve tan conscientes de nuestras fortalezas y debilidades, cada pequeño avance es motivo de gran regocijo.

También he aprendido que vale más la pena la calidad que la cantidad. Que de nada sirve querer hacer las cosas rápido si esto disminuye su calidad o nos agota los músculos. He visto que cuando tratamos de hacer cosas para las que ya no tenemos fuerzas, empezamos a descuidar las posturas y nos volvemos muy vulnerables a las lesiones. Siempre que puedo, intento encontrar el nivel correcto de cada ejercicio para poder hacerlo con calidad. A veces puedo hacer solo una o dos repeticiones de una versión avanzada de un ejercicio, y luego continúo haciéndolo con una versión más sencilla para seguir fortaleciéndome sin lastimarme.

De hecho, pienso que los buenos instructores siempre harán énfasis en las posturas correctas para hacer los ejercicios. Por eso, este tipo de recomendaciones se ha vuelto uno de mis criterios para confiar o no en ellos. He visto varias veces la recomendación de buscar el peso correcto en el gimnasio para evitar compensar con otros músculos del cuerpo con tal de hacer el ejercicio, ya que esto evita que fortalezcamos el músculo que queremos. También debemos cuidar esto porque las compensaciones nos pueden llevar a arruinar nuestra postura y lastimarnos.

Pero en todo esto del ejercicio, creo que lo más importante para mí ha sido que ahora veo el ejercicio a largo plazo. Sigo trabajando para poder hacer cada vez más. Ya no me pongo retos para una fecha determinada, sino que me concentro en la mejora continua. Cada vez tengo mayor control en mis movimientos. Cada vez duro más cuando me paro de manos. Cada vez estoy más cerca de lograr hacer una barra. Cada vez puedo hacer más lagartijas. Eso me motiva más que simplemente la salud: tener una determinación de avanzar. Me permite disfrutar de cada paso del camino.

Por último, me alienta mucho saber que esto me ayudará a tener una vejez activa. Todos estamos destinados a envejecer. En otras palabras, todos estamos envejeciendo. Nuestras capacidades físicas irán decayendo con el tiempo sin importar lo que hagamos. Lo que cambiará drásticamente será el punto de inicio de la caída y la velocidad con que esta suceda. Quiero poner de mi parte para que este punto de partida esté más alto y para que el ritmo de la caída sea lo más lento posible. Estoy decidida a ser una viejita activa y llena de energía. A poder viajar y seguir visitando las maravillas de la naturaleza sin que los caminos largos y difíciles me detengan.

Se han hecho estudios que demuestran que la fuerza muscular se pierde de manera gradual a partir de los 30 años. A los 60 años, comienza un descenso acelerado, que se acelera aún más a partir de los 80 años. Esto influye en el intercambio de información sensorial y motora, en la reducción de la coordinación intramuscular y en el incremento de los riesgos de padecer enfermedades degenerativas y lesiones por caídas. Los estudios concluyen que el factor crucial para mantener la fuerza es la masa muscular y está comprobado que tanto la gente mayor como la gente joven, tiene la capacidad de adaptarse al entrenamiento de fuerza.

¿Qué mejor que mantener la masa muscular durante toda mi vida, en lugar de querer ganarla solo hasta que esta llega a un nivel bajo y difícil de trabajar? Si de todos modos voy a perder masa muscular y capacidades físicas de manera acelerada a partir de mis 60 y 80 años, prefiero evitar perder lo más posible al trabajar activamente para contrarrestarlo.

Tengo un amigo que acaba de cumplir 60 años y al hacerse un chequeo médico general, el doctor le comentó que su cuerpo tenía los desgastes y salud propios de una persona mucho más joven. Él sigue haciendo ejercicio de manera regular y jugando de repente a las carreras con su hija, a la que, a veces, todavía le sigue ganando. En cuanto me lo contó dije: eso es lo que yo quiero para mí.

Estimo que alrededor del 50% de mis clientes y *coachees* han decidido enfocarse en mejorar su salud física por medio del ejercicio cuando han trabajado conmigo. Desde antes de trabajar conmigo, ya estaban conscientes de que el ejercicio les ayudaría a enfrentar sus días con más energía, a dejar atrás sus dolores y a sentirse más ágiles y sanos. Lamentablemente, aunque muchos de ellos habían sido deportistas en su juventud, fueron perdiendo sus buenos hábitos con respecto al ejercicio cuando empezaron a tener trabajos más demandantes. Cada vez les pesaba más cuando llegaban cansados del trabajo y con ganas de descansar, por lo que dejaron de hacer ejercicio tanto en las mañanas, para evitar levantarse más temprano, como en las noches, porque estaban cansados y preferían descansar.

A mí también me pasó esto durante mucho tiempo. De ser una persona muy deportista, pasé a carecer por completo de condición física. Llegué hasta el extremo de no poder nadar siquiera 200 metros sin después sentir que me temblaban los brazos y las piernas, o de quedarme con el brazo temblando durante dos o tres cuando jugué pádel por primera vez, aun sin haberle atinado en muchas ocasiones a la pelota. La buena noticia es que los beneficios se dejan ver rápidamente y que, con un buen plan para ir empezando poco a poco, es fácil llegar a un nivel óptimo muy pronto.

Conclusiones

El ejercicio es un elemento clave para combatir el estrés y descansar bien. En la medida en que hagamos ejercicio, descansaremos mejor durante la noche y tendremos más energía durante el día.

Cuando el ejercicio se ve como una actividad que se disfruta y que, además, repercute en nuestra capacidad de descansar, estar alegres y tener energía para hacer nuestras cosas, es mucho más fácil querer dedicarle tiempo.

Es mucho más importante la calidad que la cantidad. Cuando estamos 100% conscientes de lo que estamos haciendo, podemos escuchar y sentir nuestro cuerpo. Podemos autorregularnos cuando nuestro cuerpo necesita descanso y exigirle más cuando está lleno de energía. No tiene nada de malo empezar con versiones principiantes de los ejercicios e ir migrando poco a poco hacia ejercicios más avanzados. Nuestra fuerza y maestría se desarrollará más rápido si hacemos las cosas a nuestro nivel y con buena calidad. También estaremos cuidando nuestro cuerpo de las lesiones.

Hay que acercarnos al ejercicio con un espíritu de juego, prueba y aprendizaje. Si sentimos lo que pasa con nuestro cuerpo cuando hacemos las cosas, podremos experimentar, aprender, corregir y avanzar más rápido.

¿Y por qué no? No hay que olvidarse del gran placer y satisfacción que sentimos cada vez que nos vemos al espejo y nos gusta lo que vemos. O cuando podemos disfrutar plenamente de nuestros alimentos sin ningún remordimiento o miedo a subir de peso.

Sobre la postura, ni qué decir. Cuando tenemos todos nuestros músculos fuertes evitamos las compensaciones y malas posturas. Evitamos lesiones que nos incapacitan. Tenemos más energía y somos más productivos cuando mantenemos un abdomen fuerte y evitamos los molestos dolores de espalda.

Y, por último, si nos mantenemos durante toda nuestra vida haciendo ejercicios de fuerza, podremos mantener nuestra masa muscular, a pesar de la edad, y tener una vejez sana y activa.

Como muchas otras cosas de las que hemos hablado en este libro, es fácil descuidar el ejercicio. Yo lo he descuidado en muchas temporadas de mi vida. Generalmente, tiendo a descuidarlo cuando cambian mis circunstancias personales. Lo he dejado, en un principio, al incrementarse mi carga de trabajo, al sufrir algún cambio en mi rutina o por alguna enfermedad. Y luego, se me hace difícil decidirme a recomenzar. Me digo que no tengo tiempo para eso. Que es difícil y desagradable. Que me hace sufrir. Bueno, cada uno se pone sus propias excusas, pero el punto es que es fácil que nos vayamos descuidando sin darnos cuenta.

También he visto aquí que se puede ir revisando de manera periódica cómo estamos cuidando algunos de los aspectos relacionados con el ejercicio. No olvidemos que esto nos permitirá descansar bien, estar de buenas y vivir llenos de energía. Encontrarás el diagnóstico sobre el ejercicio al final de este libro o puedes descargarlo en:

www.desequilibrioconsciente.com/descanso/kitlibro/

Capítulo 4

LA ALIMENTACIÓN QUE NOS QUITA O PROVEE ENERGÍA

Después de diversos análisis y tratamientos médicos, de probar con varios especialistas, y de rendirme y volverlo a intentar en muchos momentos de mi vida, de la forma más inesperada, me di cuenta de que estaba curada. Un día, por primera vez en más de veinte años, pude hacer ejercicio sin sentir como que iba a desmayarme. Todo esto, gracias a los cambios que hice en mi alimentación.

Desde muy pequeña, he sido una persona con múltiples problemas estomacales. A los once años me diagnosticaron por primera vez colitis nerviosa. Decía el doctor que era raro en una persona tan joven, pero no dudó en el diagnóstico. Padecí colitis desde entonces, acompañada de frecuentes infecciones estomacales.

Quizá me enfermaba del estómago, en promedio, entre quince y veinte veces por año. Mi medicamento para la inflamación y dolor por colitis siempre estaba conmigo. No tardaron también en diagnosticarme gastritis. Así que a lo largo de mi vida me he sometido a varios tratamientos extensos para la gastritis. He reducido consumo de lácteos e irritantes y he tomado pastillas, por periodos de entre tres y seis meses, en varios momentos de mi vida.

Esto me llevó a dejar de comer algunos pocos alimentos que, sí o sí, me generarían grandes dolores. Sabía que los alimentos demasiado grasosos me causarían problemas. En especial, dejé de comer chuleta de cerdo porque no aguantaba el dolor que me generaba. La última vez que la comí fue como a los quince años y todavía recuerdo el dolor que me causó. De plano decidí alejarme de ella como de la peste.

Creo que algo que contribuyó negativamente a mis problemas estomacales fue que acostumbraba a comer fuera de casa. En el grupo de los *scouts* salíamos seguido a actividades donde comíamos en cualquier lugar que encontráramos. Y no puedo presumir tampoco de que en los campamentos nosotros cocináramos con condiciones precisamente higiénicas.

De esta manera, me acostumbré a comer en cualquier lado. Eso sí, en general buscando la prueba social. Busco lugares con muchos comensales. Si está lo suficiente lleno el lugar, debe estar bueno.

Y claro, no podemos olvidar los jueves de quesadillas en el tianguis. Esos no los perdoné durante muchos años de mi vida. Incluso ahora que lo recuerdo, se me antoja.

Así que, aun habiendo disfrutado muchas de mis comidas, la evidencia demuestra que algunas de ellas no fueron demasiado saludables. He adquirido en consecuencia muchos tipos de infecciones y parásitos: amibas, salmonelas, brucelosis, tenia, etc.

Hasta donde yo entendía, lo que más influía en mi colitis y gastritis, era que me comía las emociones. Al menos así lo explicó el doctor. Dijo que era colitis nerviosa y que yo, en lugar de reflejar mis emociones y mi ansiedad, lo enviaba al estómago en lugar de dejar que saliera. Yo nunca entendí bien su teoría. Me consideraba una persona bastante calmada y ecuánime, y nunca me identifiqué con lo de nerviosa. Ahora veo que, precisamente, lograba aparentar gran tranquilidad, a costa de controlar, o de comerme, todas las emociones antes de que salieran. Supongo que esto es mucho más común de lo que pensamos, ya que me encontré una estadística en statista.com que decía que hasta el 21% de las personas en la Unión Europea (EU), y el 22% en Estados unidos, fueron diagnosticados con enfermedades gastrointestinales en el 2018. Yo me pregunto: ¿cuánto de esto será emocional? ¿Cuánto por no comer bien y cuánto por una combinación de ambas?

Con los años, mi situación estomacal se fue complicando debido al estrés y a otras variables que fui introduciendo en mi sistema intestinal por medio de las dietas específicas que mis doctores recomendaron.

Mi primera dieta fue a los veinte años. Llevaba ya uno o dos años sintiéndome mal cada vez que hacía ejercicio, como si me fuera a desmayar, con náuseas y debilidad. Me hicieron algunas pruebas y me diagnosticaron hipoglucemia. Estuve seis meses sin comer un solo carbohidrato, y luego otros seis meses comiendo una sola porción de carbohidratos al día. Prácticamente, no me ayudó en nada con el tema del ejercicio, pero sí le debo a esa dieta mi primera subida de peso. Al final, dejé de hacer dieta y me quedé con un nuevo peso que se estableció tres kilogramos por arriba del anterior. Es lamentable, pero parece que el efecto rebote es la experiencia más común para la gente que se pone a dieta y he leído que ocho de cada diez personas terminan en un peso mayor que el que tenían cuando iniciaron.

Mi segunda y tercera dieta fueron recomendadas por mi ginecólogo para ayudar con problemas de quistes ováricos y cólicos menstruales. Me habían operado un quiste de seis centímetros y muy rápido volví a generar otros pequeños quistes. En teoría, después de la operación, eso ya no debía pasar, por lo que el doctor buscó otras alternativas para evitar una siguiente cirugía.

Ahí empezó mi pasión por la nutrición. Me mandó leer un libro y hacer una dieta llamada "la dieta de los asteriscos". El doctor me explicó que la insulina y los ciclos menstruales estaban muy relacionados. En efecto, la dieta me quitó por completo los cólicos y los conceptos del libro me parecieron fascinantes y fáciles de entender.

Con el tiempo, me sentí restringida en mi alimentación y decidí abandonar la dieta. Eso explica por qué la he hecho en dos ocasiones.

Como tres años después de haberla dejado por primera vez, un día me despertó el dolor de un cólico que inmediatamente relacioné con la alta cantidad de carbohidratos que había vuelto a incluir en mi dieta. En ese momento dije "basta" y al día siguiente ya estaba yo con Paty Rivera, creadora de la dieta de los asteriscos. Fue una gran casualidad que uno de mis profesores había bajado mucho de peso haciendo dieta con ella. Yo solo la conocía por el libro y me dio mucho gusto poder conocerla en persona. Obviamente, aproveché también para deshacerme del kilo y medio que me sobraba. Iba al gimnasio todos los días y me pesaba antes de hacer ejercicio.

Llevaba tres semanas a dieta cuando volví a ir a mi segunda cita con Paty. Le dije muy resuelta: "ya sé que no bajé de peso, pero esa no es mi prioridad, mi intención principal es sentirme bien". Le pedí que me pusiera la dieta de mantenimiento porque lo que en verdad me importaba era quitar los cólicos. Cuál fue mi sorpresa que, cuando después de toda su revisión, me dijo que sí había bajado. Me explicó que había ganado 1.2 Kg de músculo y había perdido 300g de peso total. Me dijo que, aunque la báscula me señalaba más o menos el mismo peso de antes, en realidad había perdido como un kilo y medio de grasa. Me sentí muy contenta y empecé a entender un poco del complejo mundo de la nutrición.

Tristemente, mi relación con la comida, y en especial con las cosas dulces, me empujó a volver a abandonar la dieta. Me da risa haber escrito eso y decidí dejarlo así, aunque nadie me empujó a nada. Recordé que una amiga me contó que su amiga francesa le dice que le llama la atención la forma en que a nosotros los mexicanos "nos pasan" las cosas. Como si no tuviéramos responsabilidad o culpa de nada. En nuestra forma de hablar, las cosas se caen y/o se rompen. Desde nuestra forma de hablar, ponemos la responsabilidad en factores externos y no en nosotros. Así que corrijo: decidí abandonar la dieta porque no quería privarme del placer de comer cosas dulces.

Fue muy notorio que algunos de mis problemas estomacales mejoraron cuando empecé a trabajar por mi cuenta. Como me dijo el médico de la compañía en la que trabajaba en aquel entonces, al renunciar a ese trabajo, perdí la principal prestación que nos daba la empresa: la gastritis.

Sin embargo, antes de independizarme, ya no solo tenía gastritis. Padecía de un nuevo problema: las migrañas. Busqué cómo quitarlas y encontré la recomendación de suspender la cafeína. Dejé de tomar café, té negro y té verde por un tiempo. Santo remedio. No volví a tener migraña durante muchos años. Poco a poco, fui recuperando mi consumo de café y té. Hoy trato de tomar café descafeinado algunos días y de no excederme en cafeína. Con esto volví a aprender la importancia de una buena nutrición.

Creo que poco a poco me acostumbré a estar cada vez más inflamada del estómago y al dolor que a veces venía con esta inflamación. Como esto me pasaba desde mi infancia, se volvió algo normal para mí. Iba identificando algunos alimentos que me hacían daño y decidía comerlos solo de vez en cuando, si es que el antojo lo ameritaba. Así, me di cuenta de que la manzana cocida me ocasionaba diarrea, que el ajo me causaba muchos malestares y dolor, y que las rajas de chile en vinagre también me hacían daño en algunas ocasiones. En realidad, creo que no son las rajas, sino el vinagre.

Me aguantaba la diarrea cuando se me antojaba mucho el pay de manzana. Las rajas me las comía solo cuando comía torta y el ajo decidí evitarlo por completo, ya que ni siquiera me gusta. Lo que sí me molestó mucho fue dejar de comer hamburguesas. Me gustan bastante y de plano tuve que evitarlas durante muchos años. Si comía hamburguesa, ya sabía que en la noche me despertaría el dolor como a las dos de la madrugada, y que al día siguiente tendría diarrea. El costo era demasiado alto.

Ahora veo que, como con el cansancio, tenía muchos síntomas que me indicaban mis problemas estomacales. Aun así, me fui acostumbrando a ellos y no hacía nada para remediarlos, hasta que llegaba algo que me hacía explotar y decidía atenderlo. Mientras el problema persistía y me molestaba, yo seguía la dieta al pie de la letra. En cuanto estaba bien, abandonaba la nueva forma "sana" de comer y regresaba a lo anterior. En cada ciclo dieta-abandono, me acostumbraba a estar peor.

Así que mi primer aprendizaje, en este sentido, es no conformarme. No pensar que está bien caer en el ciclo. En especial veo que en Navidad me cuesta mantener una buena alimentación y he cometido el error de descuidarme por completo, pensando que en enero volveré a comer bien. Me engaño pensando que en otras épocas no están disponibles algunos alimentos y que necesito aprovechar esos días para disfrutar de esos alimentos. Si bien es cierto que hay cosas que solo puedo comer en esa época, he visto que siempre tengo acceso a muchas cosas deliciosas. En realidad, durante todo el año puedo encontrar alimentos muy ricos. Entonces, ¿cuál es la lógica de ese pensamiento? ¿Qué más da si disfruto ese alimento exclusivamente navideño o cualquier otro? Y creo que esto me ayuda a decidir mejor y seguirme cuidando.

Y justo eso me lleva a mi siguiente tema. Me di cuenta de que muchos de mis problemas estomacales, y otros problemas que enseguida explicaré, surgieron como respuesta a la relación que tenía con la comida.

Me inventé el concepto de "relación con la comida" de manera muy extraña. Tenía mucha curiosidad de leer un libro de una metodología para fumar que sabía yo que era muy efectiva. Ya me habían platicado de ella por tres fuentes diferentes. Dos personas cercanas a mí, que fumaban mucho, habían dejado de fumar. Su explicación es que ahora ya no tenían necesidad ni ganas de hacerlo.

Yo siempre había tenido ganas de fumar. Incluso en mis sueños era una fumadora experta que hacía "donitas". Pero, en la vida real, tuve mucho cuidado de no probar nunca un cigarro porque sabía que no iba a poder controlar el vicio. Aun así, el deseo de fumar permanecía más o menos presente.

Tenía una amiga que quería dejar de fumar y le propuse que leyéramos el libro juntas. Si mal no recuerdo, quedamos de leer un capítulo diario porque eran pequeños. Íbamos comentando nuestras impresiones y reflexiones del libro por *WhatsApp* todos los días. Pasé de ser una no-fumadora reprimida, a ser una no-fumadora convencida y feliz. Pero además de eso, me di cuenta de que mucho de lo que decía el libro sobre la relación de un fumador con el cigarro era muy similar a mi relación con los alimentos. Me di cuenta de que la comida era un vicio para mí.

No vayas a creer que me atracaba de alimentos hasta casi reventar. Confesaré que lo he hecho algunas veces, pero ese no era para mí un problema regular. No, mi problema era diferente, comía todo el tiempo. Después de desayunar, me tomaba un café. Al terminar el café: pepinos, jícama o zanahoria y, cuando esto se acababa, semillas de girasol o de calabaza. El chiste es que seguía comiendo hasta que llegaba la hora de la comida. La tarde era igual, me tomaba un *frappé*, seguía con palomitas, chocolate, aceitunas, queso, etc. Yo qué sé, todos los días era diferente, pero había una constante: todo el día estaba comiendo.

Obviamente, esto tenía un impacto fuerte en mi productividad que yo prefería ignorar. No podía trabajar con la misma velocidad cuando trataba de comer y trabajar al mismo tiempo: comía, escribía, comía, pensaba, me chupaba el dedo, escribía, iba por más comida, tardaba en prepararme un té, volvía a decidirme a sentarme a trabajar, etc. Además, descubrí que esto era síntoma de un problema emocional y que también me causaba otros problemas físicos.

En primer lugar, mi cuerpo estaba acostumbrado a tener energía fácil y rápida, que obtenía de los alimentos que yo estaba comiendo TODO el tiempo. Así que, si por alguna razón mis actividades no me permitían comer durante algunas horas, o cuando hacía ejercicio, mi cuerpo se quedaba sin energía. Lo que yo sabía, en especial al hacer ejercicio, era que mi cuerpo se "apagaba" y yo me sentía muy mal.

Básicamente, mi forma de comer ocasionó que mi cuerpo dejara de funcionar. Ya no procesaba y usaba la energía que tenía guardada en mis órganos y grasa corporal. Tan sencillo como que, al quedarse sin energía, quedaba incapacitado y yo me sentía muy débil.

¿Alguna vez te has sentido débil y cansado? ¿Recuerdas cuánta fuerza de voluntad se requiere para ponerse a trabajar o a hacer cosas que se nos antojan difíciles en ese estado? Así me sentía yo casi todo el tiempo. Cada decisión o tarea por emprender era difícil y heroica. De verdad me sorprendo de la fuerza de voluntad que tenía en aquel entonces.

Noté que comía para sentirme bien, para estar de buen humor y para combatir el estrés. ¿Has oído hablar de que algunas personas comen por ansiedad? Pues me di cuenta de que ese era mi caso. Pero no era una situación momentánea. Era una situación que yo había consentido y fortalecido por más de 25 años. Era, prácticamente, la única forma de vivir que yo conocía. Una de las principales formas que yo tenía para lidiar con una ansiedad que no sentía ni reconocía de forma consciente.

Poco a poco, empecé a cuestionarme si comía por hambre o por ansiedad. La mayoría de las veces entendí que era por ansiedad. No sabía estar sin comer. Necesitaba ese consuelo y placer. Me estuve observando de manera continua. Entonces percibí que la comida no me sabía igual de rica en una ocasión que en otra. Que muchas cosas no eran tan placenteras como yo me imaginaba. Que muchas veces comía cuando mi cuerpo ya estaba saciado. Noté que en esas ocasiones incluso me costaba trabajo comer, como algunas veces en que pedía palomitas en el cine justo después de la comida, y sin tener hambre ni espacio. Pero, aun así, me las comía. No sabía cómo parar. Si las tenía a la mano, no podía dejar de comer hasta que se acabaran.

Todas estas reflexiones empezaron a cambiar mi relación con la comida. De hecho, estoy muy segura de que este cambio es el que me ha permitido llegar a un peso ideal para mí y mantenerlo en el largo plazo, sin efecto rebote.

El proceso se completó unos meses después cuando decidí ponerme a dieta. Mi primo es nutriólogo y tiene una báscula que te dice el peso total, pero también te dice cuánto pesas de músculo y cuánto de grasa. Me dijo que tenía sobrepeso y la verdad, eso me pegó en lo más profundo de mi ego. El reporte decía que estaba como ocho kilogramos de grasa arriba del punto medio ideal. Yo siempre me había mantenido en el rango del peso normal y esto me dolió. Por si fuera poco, me dijo que me faltaban dos kilogramos de músculo. ¿Qué? ¡Pero si yo siempre había sido deportista!

Empecé la dieta de inmediato. Ni siquiera comí rosca de reyes. Nunca pierdo la ocasión de comerla porque me encanta y solo está disponible en épocas navideñas. Pero mi ego pudo más.

Mi primo me recomendó comer solo tres veces al día. Me costó muchísimo trabajo. Pasé dos o tres meses con hambre. La dieta estaba muy bien balanceada y él cuidaba de no bajar demasiado el consumo de calorías. Me diseñó una dieta de 1200 calorías al día para ir bajando de peso sanamente y sin riesgo a una descompensación. La dieta también manejaba más de cien gramos de carbohidratos al día, bastantes proteínas y algo de grasas. En teoría, no tenía por qué sentir tanta hambre.

Dados mis antecedentes, cuando pasé de comer todo el tiempo a comer solo tres veces al día, empecé a sentir un hambre mortal. No me gustó la dieta de mi primo porque no me dejaba hacer ningún cambio durante quince días. Empecé a investigar y leer mucho sobre nutrición e hice descubrimientos muy interesantes. Me di cuenta de que, de vez en cuando, podía compensar y planear un poco mis comidas del día. Por ejemplo, podía ahorrar algunos, o todos los carbohidratos del desayuno y de la comida, para comérmelos en otro momento del día si quería comer un helado o postre.

Entendí que el problema de las dietas no está en comerse una galleta, sino en que nos comemos esa galleta de manera "adicional" a lo que prescribe nuestra dieta. Terminamos comiendo muchas más calorías que las que nos recetó el doctor. Si intercambiáramos esa galleta por otros carbohidratos de nuestra dieta original, esto nos ayudaría a mantener la cuenta de carbohidratos y calorías de la dieta que estamos siguiendo, y nos ayudaría también a que nuestro antojo no se volviera irresistible.

Con mucho esfuerzo, y haciendo mucha consciencia y reflexión sobre mi relación con la comida, logré hacer cambios profundos con el tiempo. Poco a poco se me fue quitando el hambre y la ansiedad de comer que sentía entre comidas. Poco a poco, fui logrando renunciar a comer en demasía, y cada vez con menor dificultad. Ya no se me antojaba tanto el pan dulce o los postres. Fui notando que no siempre sabían tan ricos. Cuando tenía hambre, eran deliciosos, pero cuando había comido algo pesado, me daba cuenta de que su sabor no era tan agradable. Además, he notado que cuando como mucho pan, me queda un sabor desagradable en la lengua que ahora prefiero evitar.

Y un día, de manera inesperada, hice ejercicio sin sentirme mal. La primera vez que esto me pasó, simplemente me pareció raro, pero no supe cómo explicarlo. Noté que esto me pasaba cada vez más seguido. Incluso un día corrí más de cien metros seguidos sin que me dolieran las piernas y me sintiera mal. Ya sé que esto suena exagerado, pero así de mal me sentía cuando hacía ejercicio. Incluso al subir las escaleras, aunque fuera solo un piso, me dolían las piernas.

Por fin hice la relación. Me sentía bien debido a que dejé de comer entre comidas. Me hizo sentido también con relación a los artículos que había leído sobre el ayuno intermitente, que dicen que es bueno que el cuerpo pase varias horas sin recibir alimentos. Sé que muchos expertos no han visto suficiente evidencia para sustentar los beneficios del ayuno intermitente, pero para mí, que comía todo el tiempo, los beneficios fueron claros y maravillosos. Ahora puedo hacer ejercicio sin sentirme mal. Lo que no pudieron lograr muchos médicos y análisis, lo logró una simple dieta y un análisis consciente de mi relación con la comida. Sigo cuidándome de no comer entre comidas y buscando que pasen por lo menos cuatro horas entre una comida y la siguiente.

Ahora me es mucho más fácil identificar cuando tengo hambre o cuando quiero comer solo por ansiedad. Cada vez me sorprendo más seguido dándome cuenta de que no tengo hambre. Puedo decir que ya es bastante común que llegue la hora de la comida y yo haya estado tan absorbida en mi trabajo, que ni siquiera haya pensado en comer desde que terminé mi desayuno. Descubro que me es más fácil renunciar a las cosas dulces, o que ni siquiera se me antojen.

Sobre todo, me siento maravillosamente bien cuando hago ejercicio. Por primera vez entiendo a las personas que dicen que el ejercicio les proporciona energía. A mí siempre me la había quitado. Quedaba como trasto viejo. Solo servía para apagarme y dormir. Sin embargo, hacía ejercicio por salud, en un gran despliegue de disciplina y fuerza de voluntad.

Hoy reconozco cuándo quiero utilizar la comida para descansar de mi ansiedad. A veces consiento ante esa necesidad emocional, pero procuro no hacerlo. Sé que, si lo hago, regresaré a lo de antes: a sentirme mal al hacer ejercicio, a reducir mi productividad, a volver a desear las cosas dulces y, seguramente, a engordar mucho, ahora que ya acostumbré mi cuerpo a otra cosa.

Ahora descanso comiendo de otra manera. ¿Te explico a qué me refiero?

Resulta que cada vez que comemos, sobre todo cuando comemos carbohidratos refinados, el cuerpo genera insulina. La insulina es como la llave que permite que las células aprovechen los carbohidratos o azúcares que obtenemos de los alimentos para convertirlos en la energía con la que trabajan nuestros órganos. Si el cuerpo tiene más energía de la que necesita, la almacena en forma de grasa y engordamos.

Los carbohidratos son azúcares con diferentes niveles de complejidad. Hay algunos tipos de carbohidratos que el cuerpo necesita descomponer en azúcares más sencillas antes de que las células las puedan utilizar. También los alimentos que están combinados con fibra o grasa son más difíciles de descomponer para el cuerpo. Nuestro organismo puede tardar varias horas descomponiendo estos azúcares que llegarán a la sangre de manera dosificada en el transcurso de esas horas.

Pero podemos también comer carbohidratos o azúcares simples que necesitan muy pocos procesos de descomposición. Estos azúcares llegarán a la sangre, prácticamente de manera inmediata y en grandes cantidades. Si esto sucede, el cuerpo optará por guardar lo que le sobre en forma de grasa corporal.

El problema es que, aunque el cuerpo haya guardado el azúcar que le sobraba, en cuanto deje de recibir la cantidad que necesita para realizar sus funciones, nos pedirá que le demos más. Eso quiere decir que nos dará hambre. Nuestro cuerpo nos estará pidiendo que comamos de nuevo.

Cuando comemos dulces, harinas y azúcares refinadas, jugos y refrescos, nos metemos en un círculo vicioso. Comemos, guardamos lo que nos sobra, nos da hambre, volvemos a comer y así sucesivamente. Cada vez necesitamos comer más seguido y se nos antojan, en especial, los panes, harinas y otras cosas dulces.

Cada vez que el cuerpo procesa el azúcar que comemos, nuestro organismo se queda sin energía de fácil disponibilidad.

Eso significa que también nosotros tendremos menos energía. Y sin energía, será difícil trabajar, concentrarnos y decidirnos a hacer cualquier cosa que nos requiera esfuerzo. Incluso será difícil tomar decisiones cotidianas y sencillas porque tenemos poca energía para hacerlo.

Obviamente, yo no me daba cuenta de todo esto. No era capaz de escuchar todas estas sutilezas en mi cuerpo. Puedo decir que aún no lo soy. Pero todo esto lo he aprendido leyendo e investigando al respecto. Y cuando fui leyendo una y otra vez sobre estudios e investigaciones que llegaban a estas conclusiones, me hizo mucho sentido.

Así que mi forma de descansar comiendo ha cambiado mucho. Para estar descansada y llena de energía intento evitar los panes, dulces, jugos, refrescos y las harinas y azúcares refinadas. Cuando se me antojan estas cosas, procuro comérmelas junto con otros alimentos que me proporcionen energía a más largo plazo. Trato de evitar que la energía se me acabe rápido, que mi cuerpo guarde la energía que le sobra en forma de grasas, o que me vuelva a dar hambre poco tiempo después de comer. Esto se logra reduciendo este tipo de alimentos.

Me sigue encantando el pan y los postres, así que procuro nunca comerlos solos y, de preferencia, solo en una de las comidas del día. Los combino con otro tipo de alimentos (proteínas, fibra, grasas), y cuido que no se acumulen con otros carbohidratos, sino que busco intercambiarlos. Procuro que la mayor parte de mis carbohidratos provengan de frutas, leguminosas y cereales integrales, ya que estos se procesan más lento.

Cuando me doy cuenta de que quiero comer entre comidas, me pregunto si es hambre o ansiedad. Si es hambre, veo cuánto falta para la hora de comer y procuro esperar. Si falta poco, a veces decido adelantarla. En raras ocasiones, también decido comer zanahoria, pepino, fruta o nueces, en raciones razonables, aunque no me sienta satisfecha de inmediato. En estos casos, siempre me ayuda recordar que el cerebro se tarda en reconocer cuando ya comimos lo suficiente. Según algunos artículos que he leído, pueden pasar hasta veinte minutos para que el cerebro reconozca que ya no necesitamos más comida. Si seguimos comiendo durante ese tiempo, habremos comido mucho más de lo necesario.

Me imagino que también te hará sentido esto de los veinte minutos si te ha pasado como a mí. A veces, mientras estoy comiendo, me siento bien, o incluso pienso que todavía tengo hambre, hasta que me levanto de la mesa. Entonces me doy cuenta de algo con certeza: comí demasiado.

No sé tú, pero yo he decidido que ese malestar de comer demasiado es algo que ya no quiero en mi vida.

Además del malestar de la inflamación y dolor estomacal que podemos padecer cuando comemos demasiado, podemos sentirnos cansados y con muy poca energía. Esto sucede porque el cuerpo redirige todas sus energías al gran trabajo de hacer la digestión. Si comimos demasiado, es demasiada la energía que nuestro organismo requerirá. Y mientras el cuerpo esté usando sus energías en hacer la digestión, a nosotros nos quedará menos energía para todo lo demás. Nos sentiremos pesados, cansados, con poca claridad mental o embotados. Yo me pregunto: ¿Qué no es mejor sentirse lleno de energía y bien descansado?

De hecho, en este libro hablo, principalmente, de cuidar el consumo de azúcares refinadas y de dejar de comer a toda hora porque pienso que esto es lo que más impacto tiene con respecto a nuestra capacidad de sentirnos llenos de energía. Sin embargo, el tema de la alimentación tiene un impacto sobre toda nuestra calidad de vida y sobre nuestra salud. Como es un tema que me apasiona, sería mucha la información que podría compartir, pero me limitaré a decirte que hay mucho que cuidar con respecto a la buena nutrición.

Te animo a averiguar más al respecto, a trabajar con un nutriólogo y/o a complementarte con algún programa de *coaching* nutricional que te ayude a cambiar diferentes aspectos de tu estilo de vida y relación con la comida. Verás que no te arrepientes. Me ha tocado trabajar con *coachees* que han balanceado su dieta después de no comer proteínas animales, o que han empezado a cuidar su ingesta de agua, o que han empezado a comer más variado, con probióticos y prebióticos para cuidar su flora intestinal. Han quedado felices por los cambios que esto ha representado en sus vidas.

Por último, me gustaría compartirte la solución de fondo que he encontrado para lidiar con mis problemas de ansiedad. Cuando me doy cuenta de que esa es la razón que me está haciendo desear comer, en lugar de caer ante ese impulso, me pongo a analizar qué es lo que me la está produciendo y procuro atacarlo de raíz. Muchas veces, son pendientes o preocupaciones que traigo y que se pueden atender en unos cuantos minutos o, cuando mucho, en un par de horas. Te puedo poner como ejemplo las veces en que necesito preparar una presentación para alguna conferencia, clase o consultoría, aunque todavía no sea urgente. A veces basta con que lo agende o con que aclare el esquema de la presentación. Lo interesante es que he descubierto que, si no lo atiendo, puede causarme ansiedad por días enteros. Es todo un proceso, pero poco a poco he ido aprendiendo a reconocer la sensación y solucionar sus causas, haciendo que desaparezca por completo.

Conclusiones

La forma en que nos alimentamos juega un rol de vital importancia en nuestra capacidad de sentirnos descansados y llenos de energía. Es fácil caer ante los antojos y ante la necesidad de calmar nuestras ansiedades por medio de la comida. He aprendido que es fácil descuidarnos y por eso me gusta tener unas sencillas reglas para cuidarme y para poder evaluar periódicamente si me he mantenido en niveles óptimos o me he ido descuidando.

Lo que he decidido cuidar es lo siguiente:

- ¿Qué tanto estoy comiendo entre comidas? Mi respuesta debería estar en un máximo de dos o tres veces en toda la semana.
- ¿Qué tantas harinas y azúcares refinadas estoy comiendo? No debería de pasar de una o dos diarias y siempre cambiándolas por otros carbohidratos de mi dieta. Máximo diez dosis de harinas refinadas a la semana.
- ¿Qué tan balanceadas son mis comidas? Al menos dos de mis tres comidas deberían contener todos los grupos alimenticios y en las porciones adecuadas. Carbohidratos, proteínas, grasas, frutas y verduras. Ya sé que, para un nutriólogo, esta es una manera técnicamente incorrecta de clasificar los grupos alimenticios, pero en la práctica, me ayuda para mi objetivo de tener una alimentación balanceada. También trato de variar en la semana los tipos de carne que como: res, puerco, atún, pollo, pavo, pescado, salmón, etc.
- ¿Qué cantidad de comida estoy comiendo? No debe ser ni mucho ni poco, sino lo que mi cuerpo requiere. En lo personal, desde que me puse a dieta, empecé a porcionar mis

alimentos. Tengo ya una buena idea de las calorías y porciones que me proporcionan los diferentes alimentos, así que cuando salgo a comer fuera de mi casa, hago cálculos sencillos y aproximados para cuidar mis porciones. Si comí mucho a la hora de la comida, ceno algo más ligero. O si sé que voy a salir a cenar, me preparo previamente desayunando y comiendo menos de lo normal. Las ensaladas son una excelente opción para no sentir que me quedo con hambre. A veces utilizo las zanahorias y ensaladas como algo que me hace sentir satisfecha y que contiene muchas menos calorías que otros alimentos. Lo que me importa medir aquí son las calorías totales que estoy comiendo a diario, y en promedio semanal, para que solo coma las calorías que mi cuerpo requiere. Como esto depende de la actividad física, sexo, edad y estatura de cada uno, prefiero no compartir mi ideal de calorías, para que no dé pie a que se tome como recomendación.

- ¿Me estoy privando de algún alimento que después me pueda generar un antojo incontrolable? En cuanto empiezo a sentir antojo, trato de no reprimirlo por mucho tiempo para que no se vuelva algo muy difícil de manejar. Prefiero atenderlo y saciarlo en proporciones sanas antes de que crezca para que se vaya. Ese día, hago las debidas compensaciones a mi dieta para que mi alimentación general se mantenga sana.

- ¿Qué tanta ansiedad padezco? Procuro cuestionarme muy conscientemente si lo que tengo es hambre o ansiedad cuando noto que quiero comer. Analizo y busco resolver lo que me está generando ansiedad.

- ¿Estoy comiendo a mis horas? Esto también es importante. Es importante que nuestro cuerpo sepa que lo alimentaremos bien y de forma regular. Si no, activará mecanismos de defensa que lo harán guardar energía en forma de grasa para poder operar cuando no reciba los alimentos que necesita.

- ¿Estoy tomando suficiente agua? Aunque esto no lo había mencionado, es muy importante. La buena hidratación permite que muchos procesos de nuestro cuerpo funcionen bien. Yo he visto que requiero tomar alrededor de tres litros de agua al día. Algunos doctores me han recomendado dos litros, pero he visto que yo necesito más. Es importante que no te quedes con recomendaciones estandarizadas y que te vayas conociendo. Ve analizando cuál es la hidratación que tú necesitas y cómo va variando según el calor o la actividad que haces en cada día. Esto lo puedes ver en tu nivel de sed, resequedad en los labios, hidratación/comezón en la piel, nivel de estreñimiento, retención de líquidos, hinchazón en piernas, etc.

He desarrollado un pequeño diagnóstico periódico para evaluar mis hábitos alimenticios. Puedes encontrarlo al final de este libro o descargarlo en:

www.desequilibrioconsciente.com/descanso/kitlibro/

Capítulo 5

DESCANSO EMOCIONAL: MANEJANDO EL ESTRÉS

No había caído en cuenta de lo extraño de la situación hasta que la directora del coro me llamó para ver si yo estaba bien. Estaba preocupada porque le mandé un mensaje para decirle que había decidido salirme. Ella no sabía si yo me encontraba deprimida y quería ayudarme. Para mí estaba claro: quería dedicar mi tiempo a otras cosas y sentirme relajada y descansada.

En otros momentos de mi vida eso era justo lo que recibía del coro, relajación y disfrute entre todas mis otras responsabilidades. Ahora representaba más estrés que relajación para mí.

No podemos, ni es sano, evitar por completo el estrés en nuestras vidas. El estrés también puede ser sano e impulsarnos a lograr grandes cosas. Pero hay que ser conscientes y elegir cuánto estrés es bueno tener y para qué lo queremos utilizar.

Desde mi adolescencia, me acostumbré a perseguir todos los proyectos que me parecían interesantes y los retos que consideraba al alcance de mis manos, si hacía el trabajo correspondiente. Siempre busqué cuidarme de manera integral para estar bien como persona y para desarrollarme continuamente. He tenido grandes experiencias y logros en el ámbito artístico, deportivo, familiar, social y profesional. He hecho lo que he querido y he logrado muchas metas importantes. He aprovechado algunos talentos con los que ya nací y he desarrollado, casi desde cero, algunos talentos con los que no contaba.

En muchos ámbitos de mi vida, he perseguido metas, logrado cosas y decidido no seguir con metas más ambiciosas, sino explorar otras oportunidades. Así, he logrado algunas cosas que ni siquiera me había planteado perseguir: ser campeona nacional de voleibol, ir a la olimpiada nacional de física, ser directora general de una empresa o cantar en el Auditorio Nacional. Pero también es cierto que, por perseguir tantas cosas, no me he enfocado en desarrollar mis capacidades y talentos especiales. No me he enfocado, como otras personas, en desarrollar unos pocos talentos, de manera consistente, para llegar a dominarlos y para ser la mejor en algún tema.

Supongo que es cuestión de gustos y prioridades. Soy de la idea de disfrutar el camino y de vivir en plenitud mi día a día, cuidando de no poner mi felicidad en metas muy altas. Por fortuna, algunas me han llegado porque las he ido construyendo a pesar de que algunas veces no he sido plenamente consciente de ello.

En general, no me arrepiento de ser generalista más que especialista. De ser un "estuche de monerías", aunque no sobresalga de manera especial en muchas de las cosas que hago. Me siento muy agradecida con Dios por haber tenido tantas experiencias y oportunidades en la vida. Por tantos trancazos, aprendizajes y éxitos que me ha regalado vivir. Por toda la gente que he conocido en el camino. Por haber estado rodeada siempre de gente que me acompaña y crece conmigo en los diferentes aspectos de mi vida. En resumen, por haber buscado siempre la felicidad y por la oportunidad de encontrarla, continuamente, en mis actividades diarias. A veces más, a veces menos, pero siempre con el convencimiento de que ese es el fin último que tengo como persona: ser feliz.

Con estas prioridades en mente, creo que mi norma siempre fue buscar el "cómo sí" hacer las cosas que me llamaban la atención. Me volví una experta para meter todo en la agenda. Me las arreglaba para hacer una cosa tras otra y para exprimir mis días al máximo. Esto me llevó a tener muchas experiencias, pero también me llevó a llevar una vida de continua frustración.

Aunque era muy buena para organizarme y meter muchas cosas en mi agenda, siempre había algo a lo que ya no llegaba. Constantemente, aparecían nuevas oportunidades que, por más que quería, ya no lograba hacer. Me frustraba tener que renunciar a ellas y decir que no. Y me frustraba también cuando intentaba hacerlas y acababa dándome cuenta de que no podía. Me sentía mal al descubrir que terminaba fallando a mis compromisos o haciendo las cosas sin calidad. Que no estaba a la altura de otras personas del grupo y que ya no tenía tiempo ni energía para ensayar, entrenar, o estudiar más. Ver que no tenía tiempo para mejorar y llegar al nivel que se esperaba de mí.

Desde los quince años he tenido que renunciar, una y otra vez, a muchas de las cosas que he querido hacer. Viví casi toda mi vida con la frustración de perder oportunidades por falta de tiempo o por circunstancias ajenas a mí. Y ahora veo clarísimo que, aunque tenía muchos motivos de felicidad en mi vida, tampoco es bueno que uno viva frustrado a cada rato.

Antes de esta transformación en la que empecé a descansar, tenía muchos proyectos y responsabilidades. Me las ingeniaba para hacer muchas cosas, pero me la pasaba haciendo cosas urgentes. Era muy común que terminara haciendo las cosas a la última hora y que no terminara de hacerlas con el nivel de calidad que me gustaba. Eso también me frustraba. Sabía que podía dar más y me recriminaba por ser mediocre. Poco a poco, he podido cambiar la perspectiva desde donde veía las cosas, y ahora veo que no era, y que nunca he sido mediocre. Estaba agotada y esa fue la forma que encontré para sobrevivir. No sabía elegir, priorizar ni enfocarme en lo que realmente importaba. No había aprendido a cuidarme a mí primero para poder estar bien, hacer bien las cosas y ser capaz de darme a los demás.

Me parece muy irónico que, la proeza que lograba al exprimir mi tiempo para hacer cada vez más cosas, era precisamente lo que me impedía disfrutar del camino. Todo era pesado y difícil en lugar de ser disfrutable. Terminé afectando mi autoestima y perdiendo la satisfacción de haber hecho un buen trabajo. Claramente, estos eran síntomas de *burnout* que yo no conocía ni sabía detectar en mi vida.

Veía que mis proyectos, compromisos y responsabilidades requerían de una mayor disciplina. Ponía muchos medios para hacer las cosas con tiempo. Para avanzar sin detenimiento y enfocarme. Leí muchísimos libros sobre productividad y puse muchas técnicas en práctica. Muchas cosas me ayudaron. Incluso me volví tan experta que empecé a dar cursos de productividad y administración del tiempo para ayudar a otras personas que, como yo, querían un par de horas más al día para hacer las cosas a las que ya no llegaban.

Me volví más eficiente, pero yo casi no lo notaba. Lo que notaba era todo lo que me faltaba. Me seguía faltando la cantidad de disciplina y de calidad que yo deseaba y buscaba. Creo que, con cada avance que lograba, decidía aceptar otro compromiso con el que, relativamente, podía cumplir hasta un cierto nivel aceptable, y que por eso no notaba las mejoras. Aún en esos momentos, mis clientes destacaban el orden y la disciplina como algunas de mis principales fortalezas, pero yo no lograba verlo con tanta claridad.

Me frustraba también que no respetaba lo que planeaba en el día. Hacía una lista de las actividades que iba a hacer y terminaba haciendo otras cosas. Sobre todo, me frustraba cuando veía que perdía el tiempo con las cosas a las que yo llamaba vicios. Los juegos del teléfono, leer, ver una serie de televisión, comer algo que no me permitía trabajar simultáneamente o tomarme una siesta. Veía que, si lograba dejar alguna de estas cosas, la remplazaba por otra. Me consideraba indisciplinada y floja. En el momento no lo veía, pero estaba en un círculo vicioso que minaba, día a día, mi autoestima. En lugar de ayudarme, me dificultaba cada vez más el logro de las cosas que me proponía y, por supuesto, la capacidad de disfrutar mis días y reconocer mis avances. Estaba inmersa en el círculo vicioso que genera el *burnout*.

¿Y qué decir de la puntualidad? Varias veces quise trabajar en mi puntualidad. Tenía la intención de crearme el hábito de ser puntual. De joven, yo había sido muy puntual. Llegó un momento en que la frustración de que los demás llegaran tarde, y yo perdiera mi precioso tiempo, se hizo insoportable. Decidí que no tenía caso esperar a otros en lugar de hacer algo de provecho. Decidí volverme una persona impuntual.

De hecho, confieso que nunca me volví demasiado impuntual. En México tenemos tan tatuada la cultura de la impuntualidad, que muchas personas me seguían considerando puntual, pero yo no. Llegaba a todos lados entre cinco y diez minutos tarde. Me daba cuenta de que no estaba bien y quería cambiarlo. Me daba mucha pena que con frecuencia tuviera que hablar para disculparme y decir que iba diez minutos retrasada. Intenté muchas cosas, me impuse multas, le reportaba diario mis avances a mi *coach*, etc. Pero nunca llegué a ser verdaderamente puntual y, apenas me descuidaba un poco, regresaba a lo de antes.

Quería aprovechar cada momento y salía siempre con el tiempo justo. Si había un poco de tráfico, eso era más que suficiente para que yo llegara tarde. Como terminaba haciendo las cosas a la última hora, sentía que tenía que exprimir hasta el último minuto posible, y a veces se me pasaba la mano. Acostumbraba a sacar tiempo de donde hubiera, aunque llegara unos pocos minutos tarde, con tal de terminar las cosas con una calidad decente. Lograba buenos resultados con mis clientes, pero seguía siendo impuntual. Eso me tenía con un malestar oculto, pequeño pero continuo, porque tiendo al perfeccionismo. Me obligaba a hacerme de la vista gorda conmigo misma. Era uno de esos malestares que luchamos por ignorar, queriendo auto engañarnos, pero que sabemos perfectamente que están ahí.

Cada vez que me planteaba dejar algo, solo me decía que no podía perderme esa oportunidad. Cuando decidía renunciar a algún tema, de inmediato llegaba otra cosa interesante y la tomaba. Mi autoexigencia, afán de logro y perfección, siempre me llevaban a estar persiguiendo nuevos retos. ¿Por qué no habría de ir siempre por más? No encontraba otra forma de llevar una vida integral, con todos los aspectos cuidados, más que aprovechando mi tiempo hasta el último minuto que pudiera exprimirle.

Evidentemente, en aquel entonces no me daba cuenta de la forma en que estaba lastimando mi autoestima. Nunca se me hubiera ocurrido pensar que yo sola me estaba construyendo, de una forma bastante distorsionada, un concepto de mí misma como una persona floja y viciosa. La raíz del problema era que no podía con todo y estaba agotada. Esto no hubiera minado mi autoestima si lo hubiera detectado y trabajado antes. Como dice Fernando Sarráis en su libro sobre el descanso: necesitaba "descansar de lo que cansa".

Lo malo era que yo no estaba consciente de qué era lo que me cansaba. Después descubrí, cuando empecé a dejar actividades y responsabilidades, que ya no necesitaba buscar formas para distraerme y descansar de las presiones que tenía. Sin ningún esfuerzo de mi parte, mis vicios se esfumaron y perdí también la necesidad de llevar una vida sumamente activa. Me descubrí feliz, quedándome en casa, sin ver a nadie, con mi soledad y mi silencio. No era que antes huyera del silencio y la soledad. La verdad es que siempre me he sentido muy cómoda conmigo y mis pensamientos. Pero antes, necesitaba descansar por medio de la vida social.

Cuando dejé de buscar con quién ir a cenar o cómo hacer algún plan social, me pareció de lo más extraño del mundo. Sabía que estaba contenta con el cambio y me sorprendía. Tardé un tiempo en darme cuenta de lo que sucedía.

Tenía tantas responsabilidades y preocupaciones que para descansar buscaba actividades que me hicieran olvidarme por completo de todos esos temas. Buscaba cosas que distrajeran toda mi atención. Mi vida social era una de las cosas que me ayudaban porque, mientras estaba con alguien, era fácil enfocarme en el momento presente y olvidarme de mis preocupaciones. Me concentraba en la otra persona y en mi relación con ella. Me abandonaba a escucharla y a disfrutar de su compañía, olvidándome de mi trabajo, de mis pendientes, y de los pensamientos relativos a todo lo que podía salir mal. Descansaba de lo que, emocionalmente, me tenía cansada.

Lo que no entendía es que estas actividades que me proporcionaban descanso emocional me tenían agotada en lo físico. Para poder distraerme, invertía tiempo en estas cosas y reducía mi tiempo para dormir. Era una forma de protegerme a mí misma y mantener una buena salud emocional, pero a costa de agotarme físicamente.

Cuando comencé a dejar compromisos para concentrarme en el doctorado que iba a estudiar, me liberé de muchas responsabilidades e inició mi camino de descanso emocional. Además, comencé también a descansar físicamente de manera simultánea y, sin darme cuenta, a tomar decisiones de otra manera.

Di preferencia a tener una vida más tranquila y eso implicó elegir lo que quería hacer. De pronto, sin que me ocasionara ningún tipo de conflicto, pude ser más selectiva con las cosas. Seguía viendo oportunidades por todos lados, pero algunas de ellas ya no me parecían tan atractivas. Empecé a dejar ir algunas cosas sin ningún esfuerzo ni frustración. Dejé de ir a los eventos sociales de personas que no eran tan cercanas a mí. Decliné proyectos que me implicaran mucha responsabilidad o que me requirieran mucho tiempo sin darme un beneficio claro y medible. Algunas cosas tenía que evaluarlas de manera más consciente, pero al final, me era más fácil decidir. Veía con mayor claridad las cosas que más me aportarían, las que no valían la pena, y las que quería poner en lista de espera para reevaluarlas más adelante.

Me di cuenta de que incluso empecé a sentirme liberada cuando decía que no a algunas de mis actividades, como cuando decidí dejar el coro. Esto hizo también que me volviera mucho más consciente de la capacidad que tengo de disfrutar cada actividad que hago. Esto aplica tanto en los casos en que me gusta la actividad en sí misma como cuando esta actividad es parte del proceso para lograr una meta que me propuse. Llegué a la conclusión de que no hay ninguna razón por la que deba padecer el proceso para lograr algo. Siempre estará en mis manos la capacidad de acomodar las cosas, mi foco y mi actitud, de tal manera que disfrute también el proceso.

De hecho, he observado esto también con varios de mis clientes cuando aprenden a decir que no. Me cuentan la experiencia con gran orgullo y satisfacción porque saben que eso les ayuda con todo lo que sí tienen que hacer. Incluso algunos, cuando se ven forzados a cambiar de trabajo porque los despiden, me han platicado cómo sienten que se les quitó un peso de encima. Me pregunto qué sería de nosotros si pudiéramos desarrollar bien esta capacidad de evaluar bien nuestras fuerzas y priorizar lo que de verdad queremos para decidir con congruencia cada vez que aceptamos algo más en nuestra vida. Creo que seríamos cada vez más asertivos, eficientes y felices.

Todavía me sigue pasando que de pronto acepto un proyecto que no debería. Me doy cuenta en el camino cuando detecto que no lo estoy disfrutando y que ya quiero que se acabe. Recibo esas reflexiones con alegría pensando en todo el aprendizaje que estoy obteniendo para poder decidir mejor en el futuro.

Ahora me doy cuenta de que, con toda la presión que tenía antes por hacer muchas cosas, casi no podía vivir y disfrutar el momento presente. Veo que todo el tiempo estaba preocupada por el futuro y por la forma en que iba a administrarme para cumplir con todo. Siempre queriendo trabajar de la manera más productiva y efectiva en lugar de hacerlo de la manera más satisfactoria. Mientras hacía una cosa, en realidad muchas veces estaba haciendo estrategias en mi cabeza para organizar las siguientes. Y, por supuesto, ahora, también entiendo mejor la trampa de ir poniendo mi anhelo de felicidad en el logro de una meta. He visto que muchas veces me decepciono cuando logro la meta y no recibo los beneficios emocionales que tanto anhelaba, o que la satisfacción es mucho menor o más corta de lo que yo esperaba.

Recuerdo que mi hermano mencionaba un estudio que decía que los aumentos de sueldo solo dejan a las personas contentas durante tres meses, pensando que ahora sí reciben un salario justo. Después de eso, sienten que necesitan otro aumento. Yo comparo el tema de las metas y creo que es muy similar cuando ponemos nuestro anhelo de felicidad ahí. Apenas alcanzamos nuestra meta, nos damos cuenta de que no es suficiente y creemos, inocentemente, que esto es porque deberíamos haberla puesto más alta. Veo que, para mucha gente, esto es en especial cierto con el dinero, apenas alcanzan una cantidad que creen que les dará los beneficios que quieren, se dan cuenta de que ahora tienen más necesidades y de que necesitan más. En mi caso, he descubierto que esto se cura, o por lo menos se minimiza, si me enfoco en disfrutar el proceso.

Creo que por primera vez entendí aquello que había oído varias veces mencionar: "menos es más". Entendí que raras veces me había enfocado en solo una o dos cosas y había continuado avanzando hasta volverme especialista en el tema. Me pregunté qué hubiera sucedido si me hubiera concentrado en desarrollar alguno de mis talentos natos con persistencia. Incluso hice un análisis para ver en qué actividades había perseverado y en cuáles no. Quería entender en qué cosas debía enfocarme con mayor profundidad para desarrollar mis talentos y gustos naturales.

Mi conclusión fue que necesitaba aprender a conocerme más y a enfocarme en algunos objetivos concretos. Tomé la decisión de dejar de huir de algunas cuestiones que venía apartando conscientemente de mi vida. Empecé a hacer las cosas con más atención, analizando cómo me sentía al hacerlas. Me hice más consciente del momento presente.

Me di cuenta de que había cosas que, según yo, no me gustaban, pero que en realidad sí tenían cierto encanto para mí. Resulta que una parte de la actividad no me gustaba, pero otra sí. Y al descomponer lo que hacía en sus partes más pequeñas, notando cuáles me gustaban y cuáles no, descubrí algunos talentos de los que no era ni remotamente consciente.

Por ejemplo, nunca me gustó cocinar. Me parecía una pérdida de tiempo, tanto a la hora de cocinar como a la hora de limpiar y lavar trastes. Ahora veo que es algo que se me da muy bien. Disfruto mucho al comer y siento que eso me hace talentosa y creativa para cocinar. Además, soy muy práctica. Puedo hacer pruebas de platillos nuevos con los ingredientes que tengo disponibles y, en general, me quedan bien. Poco a poco voy resistiéndome un poco menos a invertir mi tiempo cocinando. Se puede decir incluso que a veces hasta lo disfruto. Lo veo como un momento conmigo, de silencio y reflexión, y eso me gusta. Es como una forma de cuidarme y consentirme a mí misma. Me imagino a qué sabrá el resultado y empiezo a disfrutarlo desde el momento en que decido cocinarlo y durante todo el proceso.

Me pasó algo similar con el aseo y el tiempo para lavar trastes. Me di cuenta de que, según yo, lo odiaba porque me quitaba tiempo. Pero ahora veo que me da tiempo para pensar. Me permite generar nuevas ideas, analizar situaciones, sacar conclusiones y aprender. Veo que a veces es un tiempo muy productivo porque resuelvo cosas en mi mente mientras avanzo con la limpieza y el orden.

Tan grande empezó a ser el cambio que tuve la fuerza y el ánimo para dedicarme a algo a lo que llevaba huyendo de manera muy consciente durante muchos años: las ventas. El primer curso de ventas que tomé era bastante agresivo. Me pareció poco ético y muy vil. Decidí que yo no quería comportarme de esa manera y desarrollé creencias negativas hacia la actividad de ventas.

A pesar de que leí varios libros de ventas y de que tuve algunas experiencias buenas como vendedora, seguía negándome a prospectar. Cuando alguien ya estaba interesado en algo y él mismo buscaba ayuda, no tenía problema con venderle. Pero me negaba a ser yo la que iniciara los contactos y conversaciones para ofrecer mis servicios.

Irónicamente, ayudé a varios de mis clientes y subordinados a mejorar sus habilidades y resultados de ventas. Sabía cómo hacer las cosas y cómo enseñarlas, pero en el fondo, me negaba a ponerlas en práctica. Incluso estuve trabajando con una persona que quería renunciar a su trabajo porque lo habían cambiado de un puesto de operaciones a ventas. Nos veíamos una hora cada semana para trabajar sobre sus habilidades y resultados como vendedor, y llegó a ser el asesor comercial más exitoso y mejor pagado de la empresa en tan solo un año.

Y el caso es que yo era buena vendedora, pero me negaba a prospectar. Trataba de conocer mucha gente para estar ahí cuando alguien tuviera una necesidad con la que yo le pudiera ayudar. Para lograr mi objetivo y conocer muchas personas, tenía que ir a muchos eventos y estaba llena de compromisos sociales, laborales, conferencias, etc. Lamentablemente, los resultados de ventas eran en su totalidad aleatorios. De pronto se me acumulaban las oportunidades, y luego tenía periodos con mucha escasez.

No lograba aceptar que huía de las ventas porque no tenía energía para salir de mi zona de confort. No tenía fuerzas para aprender algo nuevo y adquirir las capacidades que necesitaba para vender. No me sentía capaz de empezar a hacer las cosas de una forma diferente e iniciar con pruebas, errores y aprendizajes, mientras me volvía buena, poco a poco.

Ahora entiendo que tenía miedo a fallar y que prefería engañarme al evitarlo por completo. Me decía que no lo hacía porque no era ético y porque no tenía tiempo ni recursos para hacerlo. Y ahí estaba la falla más grande, en que ni siquiera lo intentaba. No me daba la oportunidad de tener éxito. Estaba condenada a seguir repitiendo eso que no me daba todos los resultados que yo quería.

Por fortuna, por fin tuve las fuerzas y el ánimo para hacerlo, y me decidí a emprender el camino. Fui notando que había muchas técnicas y conceptos que antes no había querido ver cuando se trataba de mi propia tarea de ventas y prospección. Seguramente por eso era buena enseñándoles a otros, porque estaba convencida de poder ayudarles y les enseñaba solo lo que a mí me hacía sentido y me parecía ético. Empecé a ver con claridad que lo que siempre me había movido había sido el poder ayudar a otros y que yo misma me estaba negando esa oportunidad al no querer prospectar. Me di cuenta de que necesitaba darme a conocer para que otras personas supieran que yo podía ayudarles.

Además, me di cuenta de que disfrutaba muchas partes del proceso. Disfrutaba conocer gente. Disfrutaba explorar las necesidades del otro y poder ayudarles, independientemente de que me compraran o no. Sobre todo, fue muy enriquecedor el romper mis propios paradigmas y haberme atrevido a crecer.

Y hablando de las cosas que disfrutamos, he hecho algunos descubrimientos importantes en el camino sobre la forma en que funciona nuestro cerebro. Ahora veo que no solo es conveniente que me enfoque en las cosas que me gustan por el simple hecho de que las disfruto. Ahora sé que, a nivel cerebral, puedo hacer actividades que me demandan mucho menos energía que otras. Justo aprendí que existe un concepto llamado "dominancia cerebral", que explica que nuestro cerebro tiene cuatro áreas especializadas en diferentes funciones: pensamiento, sensación (rutinas), intuición y sentimiento. Lo interesante es que cada uno de nosotros nacemos con un área eficiente, y tres ineficientes. Cuando hacemos tareas correspondientes a nuestra área eficiente, gastamos hasta 100 veces menos energía que cuando operamos en las otras tres áreas.

En mi caso, mi área dominante es la lógica y la matemática, la del pensamiento. Obviamente, con el paso de los años, he ido desarrollando muchas otras áreas, sin embargo, los científicos que desarrollaron este concepto comentan que, aunque podemos desarrollar todo tipo de competencias, la eficiencia relativa de un modo nunca se altera. Siempre seremos más eficientes cuando operamos en nuestro modo dominante. En la práctica, esto quiere decir que podemos ser muy buenos haciendo otras cosas, pero que esto lo haremos a costa de más cansancio y estrés cuando hacemos actividades que no están alineadas con nuestras tendencias naturales.

Así que ahora he empezado a buscar y priorizar actividades donde utilice mi área dominante. En mi caso, eso implica hacer las cosas de forma muy analítica y consciente, incorporando y registrando mis análisis y aprendizajes, y encontrando las relaciones de causalidad entre lo que hago y los resultados que busco.

También es importante el contexto en el que hacemos las cosas. Por ejemplo, yo no puedo estar escuchando música mientras trabajo porque no puedo concentrarme. Necesito claridad y orden en mis actividades, me tienen que hacer sentido lógicamente, y funciono mejor cuando planeo las cosas. Aun cuando efectúo tareas de otras áreas, puedo buscar hacerlas de manera estructurada y lógica, previa planeación. Por ejemplo, si me tengo que poner creativa, pues le pongo un tiempo o meta numérica a mi lluvia de ideas, y luego ordeno las ideas, de una manera práctica y lógica, antes de usarlas.

¿Te imaginas que yo necesito muchísima menos energía para hacer un cálculo matemático completo o para programar un algoritmo que para hacer un diseño creativo y bonito? Esto me ha llevado a saber que hay cosas que me conviene delegar o subcontratar si no quiero generarme un gran estrés y cansancio.

Si bien es cierto que, con tiempo, podría yo hacer un bonito diseño, he notado que me desespero y canso tanto, que termino por aceptar el primer trabajo medianamente decente que logro. Y luego, como te imaginarás, no me gusta lo que hice y, además de cansada y estresada, acabo frustrada.

Así que busco privilegiar los ambientes, formas de trabajo que me eviten estrés y disminuyan mi gasto energético. Cuando aprendo, lo hago sin querer memorizar nada, sino buscando entenderlo por lógica. Cuando enseño, no enseño conceptos teóricos, sino la lógica que hay detrás de ellos. Cuando hablo con mis amigos, busco entenderlos con lógica, para así poder empatizar con lo que sienten. Tengo muy presente una plática que escuché donde la conferencista hablaba de no querer ser una versión chafa de alguien más, sino que hay que explotar nuestras fortalezas, iluminando sus caras oscuras.

Hubo un momento de mi vida en que yo quería desarrollar otras áreas, sobre todo con respecto a mi forma de relacionarme con los demás, apagando mi parte lógica. Ahora veo que no debo apagar mi parte analítica, sino que debo incorporar las habilidades que me faltan o me cuestan trabajo, de tal manera que recaigan sobre lo que hago eficientemente, en lugar de querer hacerlo como otras personas que tienen otras habilidades. Si otros se conectan a los demás de manera intuitiva, yo sigo otro camino, pero logro el mismo resultado, conectarme a los demás, con el mínimo gasto de energía que yo puedo tener.

Descubro cómo de niña me era muy natural llegar a mis resultados sin querer hacer las cosas de la forma en que la hacían los demás, sino a mi modo. Para dibujar algo, cuadriculaba la imagen y la copiaba, cuadro por cuadro, a diferencia de otras personas que lo hacían de una forma más espontánea. El resultado era muy bueno de todos modos, y yo lo disfrutaba. Parece que poco a poco fui adquiriendo una serie de inseguridades y concluí que había una forma correcta y talentosa de hacer las cosas. Veía que, aunque lo disfrutaba, me llevaba mucho tiempo, y decidí claudicar para solo hacer las cosas que me traían un resultado rápido.

Dejé de priorizar el disfrute y me puse etiquetas para dejar de hacer las cosas que me llevaban tiempo, aun y cuando los resultados eran buenos, y seguramente mi gasto energético también. Concluí que el éxito era igual a minimizar mi inversión de tiempo. Ahora veo que, más bien, consiste en hacer un buen trabajo y disfrutarlo. Creo que, en muchos casos, el tiempo invertido puede pasar a segundo nivel porque un trabajo bien hecho a la primera, ahorra mucho tiempo y problemas a futuro, que muchas veces son difíciles de medir. Me gusta saber que trabajo en actividades donde veo una línea borrosa entre trabajo y *hobby*, en lugar de pensar que el trabajo implica dificultad.

Así que ahora estoy en ese camino donde busco encontrar "mis formas" de hacer las cosas y de lograr los resultados, aunque otorgue menos peso a algunas cosas que pudieran no ser las normales, ni las mejores, prácticas reconocidas. ¿Y qué importa si hago las cosas de diferente manera si eso me permite lograr mejores resultados, disfrutándolo y ahorrando energía?

Todos los beneficios que he disfrutado al vivir en una situación de descanso emocional, hacen que hoy lo cuide de manera muy consciente. La primera forma de cuidarlo es cuidando mi descanso físico, pero, sobre todo, enfocándome en pocas cosas.

Hoy mido y evalúo los proyectos que se me presentan. Me doy cuenta de que no vale la pena querer comerme el mundo entero, ni quererlo todo de un bocado. Veo que cuando me concentro, disfruto más las cosas y avanzo más rápido. Descubrí que, intencionalmente, puedo volver a generar o a encontrar oportunidades similares en el futuro. En efecto, algunas oportunidades se irán, pero también habrá otras que podré aprovechar o volver a generar más adelante.

Cuido mucho mi descanso emocional porque para mí, los beneficios lo valen. Ya no necesito una fuerza de voluntad enorme para empezar a trabajar, soy más disciplinada, me concentro muy rápido, vivo libre de vicios, y me es relativamente fácil detectar la ansiedad y corregir sus causas. Procuro ir anotando mis pendientes y descubro sin mucha dificultad cuando hay algo importante para mí que no estoy atendiendo. Si veo que ese es el caso, solo hago la tarea: la programo, le dedico el tiempo que necesita y, ¡santo remedio!

De hecho, no dejo de sorprenderme de lo fácil que se quita la ansiedad con tan solo agendar una actividad. Esto se debe a que nuestro cerebro se esfuerza por recordarnos las tareas que están inacabadas o interrumpidas y, con el simple hecho de agendarlas, el cerebro nos deja descansar porque sabe cuándo actuaremos para resolverlas. Solo en el caso de que no lo hagamos, volverá a molestarnos. Esta forma que tenemos de funcionar, el efecto Zeigarnik, me parece fascinante porque me permite llevar a cabo muchos trucos pequeños para controlar de manera efectiva mi estrés a la hora de administrar mis correos electrónicos y pendientes, dejando a mi cerebro tranquilo de que no le estoy dejando tareas no atendidas que debe esforzarse por recordar.

Con respecto a mi vida social, también he cambiado mucho. Ahora me enfoco en cultivar menos relaciones, pero a nivel más profundo. He decidido dejar algunos lazos donde no había reciprocidad. Aquellas relaciones donde yo buscaba siempre el contacto y donde no encontraba tanta respuesta. A lo mejor sigo hablándoles en sus cumpleaños o mandándoles algún mensaje ocasional, pero ya no busco de forma activa la convivencia física. Ya no me desgasto al sentirme rechazada por ellas, sino que me concentro más en las relaciones recíprocas y en las personas que me valoran y aprecian.

De hecho, me considero afortunada al comprobar muy seguido que no tengo relaciones tóxicas en mi vida. Me ha tocado trabajar con dos personas que han decidido dejar a sus parejas, después de una relación de noviazgo con ellos de cinco y siete años, porque sabían que estaban con ellos por miedo a la soledad y otras razones, pero que no eran relaciones que las ayudaran a sentirse amadas y a crecer como personas. También me impactó mucho otra *coachee* que decidió alejarse conscientemente de su familia, y en particular de su mamá, porque afectaban con fuerza su autoestima con sus juicios y refuerzos que le decían que ella no era una persona capaz. Le decían que no se pusiera metas altas porque no era capaz de cumplirlas. Creo que estos tres casos han sido de las veces que más orgullosa me he sentido de mis *coachees* por tomar decisiones tan importantes de crecimiento personal. A las tres les ayudó muchísimo y a mí me permitió sentirme muy agradecida con Dios por haberles podido ayudar, y por permitirme valorar todo el amor que he tenido en mi vida, a pesar de que no todas mis relaciones han sido siempre tan recíprocas como a mí me gustaría.

De hecho, ahora que lo escribo, me doy cuenta de que, seguramente, yo tampoco he correspondido de manera recíproca a muchas personas que me han apreciado más de lo que yo las he apreciado a ellas. Veo que así es la vida, no todas nuestras relaciones van a ser igual de profundas ni todos tenemos la misma capacidad y forma de amar. Esta reflexión me ayuda a no tomarme las cosas personales y a solo dejar de buscar el afecto donde no lo encuentro.

He cuidado, en particular, la relación con mi familia. Me puse una alarma para hablarle cada semana a mi mamá y a cada uno de mis hermanos. Antes no les hablaba casi nunca, solo en sus cumpleaños o para organizar algo donde pudiéramos vernos. No vivimos en la misma ciudad, así que solo sabía de ellos y los veía cuando iba de visita. Ahora busco tener algún contacto cada semana. Me ha sorprendido también recibir llamadas de su parte para contarme algo. Eso nunca me había pasado más que con mi hermana, hace más de diez años.

Ahora tengo una relación más cercana con ellos. Saben lo que me pasa y yo también sé lo que están viviendo. Ahora contamos mutuamente con un nuevo apoyo que antes no teníamos. Con algunos me costó más trabajo que con otros, pero a base de constancia, poco a poco se fueron tendiendo los lazos y se fueron abriendo los corazones. Ha sido un proceso muy bonito. Recuerdo cuánto me emocioné la vez que me habló mi hermano desde Austria, solo para platicar conmigo, aunque no fuera Navidad ni mi cumpleaños. Considero que, tener ese apoyo familiar, brinda consuelo y descanso emocional en momentos difíciles. Ellos siempre serán mi familia y estarán ahí para escucharme y apoyarme en mis dificultades.

Además, mi mamá está muy contenta. Siempre había anhelado que yo fuera más abierta con ella y le contara mis cosas. Y a mí me hace feliz verla feliz. Saber que yo puedo poner mi granito de arena para alegrar sus días.

También se me está facilitando más la puntualidad. Hoy soy más puntual porque no tengo mi agenda tan apretada y me es más fácil salir a tiempo. Ya no tengo esa necesitad tan grande de exprimir cada momento del día, y puedo salir antes.

Me he vuelto más servicial y alegre casi de manera natural. Soy más amable y los enojos me duran poco tiempo. Estoy más al pendiente de lo que necesitan los demás y de cómo ayudarles. Todo esto, casi sin esfuerzo de mi parte. Y si sumo estos impulsos inconscientes con mis esfuerzos conscientes, los resultados se multiplican de maneras inesperadas y maravillosas.

Como no estoy tan presionada, también reacciono mejor ante los problemas. Me es más fácil ver las soluciones si las hay y dejar ir los sentimientos y conversaciones internas que no me sirven para nada. Cuando empiezo con conversaciones internas donde juzgo a los demás y siento que me han hecho una injusticia, después de unos minutos termino pensando: ¿de qué me sirve esta conversación? ¿qué gano con enojarme? Y empiezo mejor a pensar en todas las cosas positivas de la relación o de la situación que tengo a mi alrededor. Termino contenta y agradecida en lugar de enojada. Si de plano veo que no me puedo salir de una conversación interna negativa, busco distraerme conscientemente con algo que ocupe mis pensamientos. Al final, los días que podrían ser muy malos, acaban siendo días lindos porque no dejé que la molestia creciera más allá de unos cuantos momentos de malas conversaciones internas.

¿No vale la pena cuidar todo esto? Para mí, se ha vuelto de lo más importante en mi vida. De ahí surge mi capacidad para disfrutar más los diferentes momentos del día, para sentirme positiva, agradecida y alegre. Es posible que logre menos cosas, pero ¿a quién le importa? ¿Cómo podría comparar un día que tuvo tan solo unos cuantos momentos alegres contra uno en donde me sentí contenta casi de manera permanente? ¿Cómo comparar un día que se arruinó por completo a causa de un enojo contra uno que tuvo solo diez o veinte minutos de molestia? ¿Cómo podría permitirme regresar a aquellos enojos y/o resentimientos que permanecían presentes durante días enteros?

Después de experimentar los beneficios de renunciar a algunas cosas y de priorizar mis proyectos, no quiero arriesgarme a perderlos. Cuando no vivo tan presionada, puedo pasar de la exigencia al agradecimiento. En lugar de centrar mi atención en todo lo que falta o salió mal, ahora me centro en lo bueno.

Mucho de esto es automático y sin ningún esfuerzo de mi parte, pero a veces, lo busco también con consciencia.

Ahora entiendo que mi personalidad no me ayuda a cuidarme del *burnout*. Mi propia autoexigencia y perfeccionismo hacen que constantemente busque algo mejor y que me sea difícil disfrutar los logros que voy teniendo. Si no cuido esto, corro el riesgo de sentirme insegura y de ser incapaz de ver y de valorar mis fortalezas y capacidades. Y si se combina, como en mi caso, con el agotamiento, pues no hay forma de evitar el círculo vicioso que me lleva a ser menos productiva, a hacer un trabajo de menos calidad, y a valorarme cada vez menos debido a mi propia exigencia. Por eso necesito cuidar de manera especial mi capacidad de agradecer lo bueno, y de ser misericordiosa conmigo misma cuando cometo errores.

De hecho, con el tiempo, he aprendido a aceptar mis errores, y cada vez lo hago con mayor facilidad. Los veo como parte del proceso de crecimiento y aprendizaje y me siento sumamente agradecida por descubrir cómo puedo seguir avanzando. Y esto me ayuda también a aceptar las fallas y errores de los demás con mayor facilidad. Se me ha vuelto más fácil que antes el poderlos animar y recalcarles lo bueno. Cada vez me sale de manera más natural. Y esto se refuerza cuando veo que se sienten impulsados y voy aprendiendo cuánto vale la pena hacerlo.

También ahora es mucho más fácil para mí darme cuenta de que las reacciones de los otros hacia mí no son únicamente por lo que yo haya hecho. Veo que ese es solo un pequeño componente. Pero he descubierto que el mayor componente es la forma en que ellos interpretaron lo que yo hice. Y eso no tiene que ver conmigo sino con ellos. Con sus experiencias, sus traumas y sus circunstancias actuales. Esto me ayuda a dejar ir la idea de que hice algo malo. Veo que mucho de lo que pasa no es por lo que yo hice sino por la forma en que ellos lo interpretaron. Veo que, a veces, los demás hacen grandes las cosas o les atribuyen un significado poco objetivo.

Saber que no todo es culpa mía me ayuda a quitarle peso a mis errores y perdonarme con mayor facilidad. Me ayuda a soltar enojos y dejar de autocastigarme. Poco a poco, estoy aprendiendo a pasar de la recriminación conmigo misma al perdón. A pasar del perdón al aprendizaje y, por último, al agradecimiento con Dios por haberme permitido conocer eso de mí. Por ayudarme a ver mis defectos, aprender de ellos y aprender también a ser misericordiosa conmigo misma.

Cuando esto pasa, me quedo agradecida con Dios porque esto abre la puerta también para poder ser misericordiosa con los demás y amarlos como son, con sus virtudes y defectos. No como yo quiero que sean, sino aceptándolos y amándolos de verdad.

Me ayuda mucho saber que Dios nos creó con toda la libertad de decidir, a veces bien, a veces mal. Y saber que así nos ama y que no espera que seamos perfectos. Por el contrario, como su naturaleza es la de "amar", precisamente es amando donde se realiza y donde nos realizamos también nosotros. Amando. ¿Qué mejor forma existe de amar que amando también las imperfecciones? Eso me ayuda a perdonarme, a amarme y a amar también a los demás.

Incluso me ayuda a dejar de juzgar a los políticos y otras figuras de autoridad. He empezado a orar por ellos. Todos los días rezo para que Dios les regale sabiduría y el deseo de servir en lugar de buscar su propio bienestar. He dejado de compartir memes y chistes acerca de ellos, sin importar qué tan grandes considere que sean sus fallas, o qué tan malas me parezcan sus intenciones. Hasta cierto punto, Dios me ha regalado el verlos con un poco de misericordia y desear su bienestar. Prefiero buscar la forma de construir y de apoyar a quienes considero que son mejores políticos y personas, que de tratar de destruir a aquellos con los que no estoy de acuerdo.

Estoy apenas en el proceso de aprendizaje. Pero ahora, las mejoras parecen materializarse de manera simple. Una parte surge naturalmente de mi interior, y otra parte la hago consciente. Ya no vivo con el esfuerzo que antes me implicaba querer mejorar y ver que no lo lograba. Hoy, de repente, me sorprendo a mí misma sonriéndole a los demás o haciéndoles cumplidos. Veo cómo se iluminan sus ojos y se sienten agradecidos. Es un gran regalo que no tiene precio.

Poco a poco he ido aprendiendo también a no tenerle miedo a mis debilidades. Veo que ese miedo era lo que me impedía vencerlas o salir adelante. En primer lugar, porque había un miedo que me impedía atacarlas. Pero también me daba miedo perder el control y no lograr comportarme de la forma que yo deseaba. Darme cuenta de que mis emociones habían tomado las riendas y que yo había respondido de una forma que sabía que no era adecuada. Y ese miedo era justo lo que me hacía incapaz de reaccionar diferente.

Raro, pero estoy aprendiendo también a sentir. A leer y a interpretar mis emociones. A aceptarlas en lugar de odiarlas y querer reprimirlas. Ahora les dedico tiempo y busco entenderlas. Me pregunto, ¿para qué estoy reaccionando así? Analizo lo que estoy buscando de fondo. Busco entender la forma en que estoy suponiendo que eso me puede ayudar a ser feliz. Trato de encontrar de dónde vienen mis emociones y qué es lo que las disparó. A veces lo logro, otras veces no. Pero veo que, cuando dejo de temerles, puedo descubrir temores más profundos. Y, cuando entiendo de dónde vienen mis miedos, soy capaz también de encontrar soluciones. Eso me deja tranquila. Me permite dejar ir las emociones y estas pierden fuerza. Se van sin haberme controlado, simplemente porque empecé por reconocerlas, aceptarlas, atenderlas y, por último, soltarlas.

Me doy cuenta de que antes le dedicaba muchísima energía a luchar en contra de mis flaquezas. A castigarme y flagelarme por no ser tan perfecta como yo quería. Y esa energía y miedo a que mis debilidades me controlaran era justo la energía que las alimentaba y les daba fuerza. Me impedía soltarlas y dejar que se fueran al ver que no me servían para ninguna cosa que me ayudara en mi fin último de ser feliz.

Creo que esto nos pasa a todos los que somos perfeccionistas y autoexigentes. Veo que solo es un círculo vicioso que nos conduce del perfeccionismo a la inseguridad, al miedo, y, por último, a evitar intentar las cosas con tal de no equivocarnos. Nos impide avanzar. Por eso es tan impactante cuando trabajamos con un *coach* o platicamos con un amigo que nos comenta lo que él ve en nosotros, diciéndonos con objetividad nuestros logros y capacidades. Veo y agradezco todo lo que me han ayudado mi *coach* y mi mejor amiga en este sentido. También lo valoro cada vez más cuando veo cómo a mis *coachees* se les iluminan los ojos y se atreven a intentar cosas nuevas tan solo porque yo les dije las cualidades y capacidades que veo en ellos. Se ilusionan al darse cuenta de todo lo que pueden hacer, y terminan por lograr cosas que nunca hubieran imaginado posibles.

Y ni qué decir del estrés. Podría decir que la autoexigencia es una gran fuente de estrés. No es lo que otras personas nos piden ni lo que nos imponen las circunstancias externas lo que nos genera estrés, sino las cargas que nosotros mismos nos ponemos. Solo de nosotros depende nuestra forma de reaccionar ante los acontecimientos externos y ante las expectativas que los demás tienen de nosotros. Si aprendemos a bajar nuestra exigencia, poniendo el foco en lo positivo y tomando nuestros fracasos tan solo como un aprendizaje, el estrés disminuye casi como por arte de magia y se nos abre una puerta que nos permite disfrutar en lugar de sufrir nuestra vida.

Recuerdo mucho el caso de una *coachee* que me impresionó porque, incluso cuando me contaba buenas noticias, su lenguaje no verbal reflejaba rigidez y dureza en lugar de alegría y satisfacción. Era muy buena detectando las cosas que había que mejorar, pero le costaba mucho trabajo apreciar y disfrutar las cosas buenas. Su exigencia, tanto para con ella como para con los demás, era tanta que eso creaba una barrera con los demás tan grande que impactaba de forma negativa en su liderazgo, capacidad de crecimiento profesional y relaciones de intimidad con sus hijos y esposo. En lo técnico, sabía muy bien lo que había que hacer, pero en temas de relaciones y de capacidad para disfrutar la vida, su autoexigencia opacaba muchas de sus virtudes. Se ponía metas muy altas que le generaban muchísimo estrés, y se desesperaba por no poder lograrlas. Fue una gran sorpresa para ella cuando descubrió que la principal barrera que le impedía avanzar era su autoexigencia.

No sé hasta qué grado, pero creo que a todos los autoexigentes nos pasa esto. Me considero muy afortunada por haber visto cambios positivos tanto en mí como en los *coachees* con los que he trabajado esto, pero ahora que conozco mi tendencia, veo lo importante que es continuar trabajándola y cuidar los avances que he tenido.

Conclusiones

Me quedó muy grabada la frase de "descansar de lo que cansa". Veo que me cansa tener tantas responsabilidades y cosas que me preocupan. Me cansa estar como un malabarista que tiene muchas pelotas en el aire y sabe que, en cualquier momento de descuido, algo se le va a caer. Así que lo que más cuido con respecto a mi descanso emocional es la cantidad de proyectos y responsabilidades que acepto. En general, la cantidad de actividades que tengo. Ahora busco enfocarme en unas pocas y no pretender que puedo con todo al mismo tiempo.

Esto me permite también cuidar mi descanso físico. Al tener pocas preocupaciones y responsabilidades es más fácil programar mis tiempos para dormir lo que mi cuerpo necesita. De esta manera cuido mi energía y fuerza de voluntad para enfocar toda mi atención en las cosas que hago para trabajar de manera más productiva.

Y cuando no estoy cansada también con tantas cosas, me es más fácil tener una vida social más equilibrada. Cuidar mis relaciones más valiosas. Buscar la compañía de las personas con las que más crezco y/o las que más valoro y valoran mi compañía. Me es más fácil dejar de buscar estar con alguien, simplemente por distraerme, y así evito estar sufriendo cuando descubro que algunas personas no me valoran tanto como yo quisiera. Puedo cuidar de manera especial la relación con mi familia. Apoyarlos y sentirme apoyada.

Y muy importante, puedo descansar también del enojo y del miedo. Puedo ser mucho más consciente de mis emociones y aprender a dejarlas ir. Puedo elegir cortar con los pensamientos que no me aportan nada bueno.

Puedo hacer todo esto solo porque estoy descansada de lo demás. Porque no necesito dedicar energía a mis enojos y miedos para que estos me ayuden, inconscientemente, a descansar de mis preocupaciones cotidianas. No necesito los vicios y distracciones, más bien se vuelven un termómetro y síntoma que me ayuda a descubrir cuando algo no está bien.

Considero que, junto con el descanso físico, esto es lo que más debo cuidar. El cansancio emocional procedente de la saturación de proyectos y preocupaciones, y el que me impongo a mí misma con mi constante autoexigencia. Muchas veces, la actividad profesional en sí misma trae muchas de esas preocupaciones y es normal sentir que no está en nuestras manos solucionarlo. Por eso dedicaré también un capítulo específicamente al descanso en la empresa.

Pero por lo pronto, diseñé también un diagnóstico para poder evaluar de forma periódica cómo anda nuestro descanso emocional. Muchas de las cosas que saldrán en este diagnóstico las veo más como consecuencias que como causas. No obstante, estas consecuencias son útiles para saber si necesitamos trabajar más en nuestro descanso emocional y físico, y si estamos queriendo abarcar más de lo que deberíamos.

La solución puede ser dejar algunas cosas, o usar herramientas para administrar mejor el tiempo y ser más efectivos. Pero si, después de aplicar estas herramientas, vemos que los síntomas siguen ahí, hay que plantearnos seriamente qué nos conviene dejar.

En general, tendemos a pensar que, por nuestra circunstancia de vida, no es posible soltar algunas cosas. Sin embargo, quiero pedirte que te permitas cuestionarte esto de manera sincera y profunda, con ojos nuevos. Se me ocurren algunas preguntas que podrían ayudarte. ¿Qué de lo que estás haciendo hoy está contribuyendo menos a tu felicidad y te convendría soltar? ¿De cuáles cosas podrías prescindir si esto significara para ti que te volvieras más positivo y alegre de manera natural? ¿Será que obtienes alguna ganancia secundaria que quieres seguir disfrutando? ¿A qué le tienes miedo y cómo puedes blindarte para evitar que te suceda lo que temes, sin tener que aferrarte a lo que te impide descansar?

Las respuestas son únicas y personales a cada circunstancia concreta de nuestra vida, pero vale la pena hacerlas una y otra vez. Vale la pena experimentar dejando algunas cosas, al menos de manera temporal. ¿Qué tal si descubres algo tan valioso que se vuelve un tesoro más grande que lo que ya tienes hoy? ¿Qué tal si te pasa como a mí y te inunda una nueva alegría cuando te atreves a estar más descansado?

Puedes contestar el diagnóstico al final del libro o descargarlo en:

www.desequilibrioconsciente.com/descanso/kitlibro/

Capítulo 6

Descanso de estímulos: ¿A qué le prestamos atención?

Y de pronto, al entrar a mi casa y hacer las cosas cotidianas de todos los días, sentí como que respiraba más libre y profundamente. Sentí que me estaba recuperando a mí misma.

¿Qué crees que detonó los sentimientos anteriores? Si lo adivinaste, felicidades: el orden y la limpieza. Obtuve una gran sensación de claridad y libertad al terminar de ordenar mi casa, en especial mi cocina, y al cuidar que todo quedara guardado justo después de usarse. De pronto, todo irradiaba amplitud y, de alguna manera, eso me llenaba de energía y claridad. Sentía mi mente más despejada y preparada para las rudas tareas de cocinar y lavar trastes. Incluso, se volvieron menos rudas por el simple hecho de que sabía dónde iban las cosas. Se volvió fácil guardar, todo se mantenía en su lugar y, en el exterior, había mucho espacio.

En este capítulo hablaré sobre el orden y cómo nos hace sentir descansados. Como en muchas otras cosas, se podría decir que el orden volvió a tocar a mi puerta por casualidad.

Ahora que lo veo, me parece que es mucha casualidad que haya tenido tantas casualidades en tan poco tiempo en mi vida. Me lleva a pensar que Dios siempre nos pone muchos regalos y gracias en frente, y que muchas veces no estamos listos para saberlos ver y aprovechar. Yo me siento muy afortunada de que, en tan solo un par de años, fui viendo y aprovechando tantas cosas que han sido profundamente enriquecedoras para mí. Una de ellas, la oportunidad de escribir este libro. Me está permitiendo reevaluar muchas cosas para darme cuenta del lugar en el que hoy me encuentro, todo lo que he ganado y dónde me he descuidado para recaer en mis antiguas mañas. Me ha venido muy bien este tiempo de escritura y reflexión para recordar la utilidad de la evaluación y diagnóstico periódicos. Veo que me ayudan a tomar acción y regresar al camino del bien.

Regresando a la casualidad de la que hablaba, le ofrecí a una amiga que se viniera a vivir conmigo. Mi casa tiene tres recámaras y yo llevaba más de cuatro años viviendo sola. Una de las recámaras siempre la pensé y usé como oficina. Tenía otra preparada para ser el cuarto de visitas. La verdad es que rara vez alguien llegaba a visitarme y prácticamente nunca usaba. Me pareció bien que ella viviera ahí.

Al igual que muchas otras personas, se me facilita bastante eso de acumular cosas. Y como tenía tanto espacio disponible, no tuve ninguna dificultad en expandirme y llenar todos los clósets y lugares de almacenamiento de la casa. Incluyendo los del cuarto de visitas.

Así que, cuando me dispuse a desocupar el closet de la recámara donde iba a vivir mi amiga, pensé en aprovechar la oportunidad para hacerlo bien. Recordé que había escuchado sobre un buen método y decidí investigar. Sin pensármelo dos veces, me compré el libro "La Magia del orden", de Marie Kondo, y me decidí a ponerlo en práctica.

Empecé con esa recámara, pero rápidamente ordené también mi ropa, la cocina, el cuarto de lavado —que se había convertido en bodega—, etc. Me decidí a hacer el trabajo con toda la casa. Ordenar, deshacerme de cosas, asignar nuevos lugares, y dejar todo mucho más despejado, fácil de limpiar y fácil de reacomodar.

Recuerdo que, durante el proceso, me llamó la atención que había cosas de las que me era más fácil desprenderme. Otras cosas eran muy complicadas. Marie Kondo dice que hay dos tipos de personas, las que tienden a aferrarse al pasado y se quedan con las cosas por los recuerdos que les traen, y las que se aferran al futuro. Descubrí que yo era de las que se preocupaban más por el futuro. De alguna manera, me aferraba a un futuro que yo imaginaba que podía suceder. Me di cuenta de que tiendo a guardar todo por si lo vuelvo a necesitar.

Llegué a la conclusión de que en esa actitud había una especie de miedo. Una necesidad de sentirme segura y preparada para afrontar todo lo que se pudiera presentar en el futuro. Creo que, al darme la oportunidad de desprenderme de algunas cosas, me di también la oportunidad de desprenderme de una cierta cantidad de peso o preocupación. Creo que me di la oportunidad de soltar cierta cantidad de ansiedad y vivir más libre. Dejé de poner mi seguridad en los objetos físicos para ponerla en mí y en mi capacidad de resolver las cosas si se llegaban a presentar en el futuro. Y me di la oportunidad de abrazar la idea de que, muy probablemente, los problemas ni siquiera se presentarían.

Hoy que me puse a escribir, veo cómo he perdido parte de ese orden. Veo lo fácil que es descuidar los nuevos comportamientos y regresar a los anteriores. Pero al mismo tiempo veo, con todo el placer del mundo, que es muy fácil que dedique tan solo una o dos horas para regresar al orden óptimo. Todo tiene un lugar asignado y es muy fácil hacer que regrese a su lugar sin tener que pensar dónde ponerlo y sin necesidad de hacerle espacio.

Así que, si el orden es tan maravilloso, ¿cómo es que no me había puesto a trabajar antes en ello? Creo que por dos razones principales. En general, tiendo a ser ordenada como parte de mi personalidad. Supongo que eso es lo único que había impedido que yo viviera en un caos total. Así que, realmente, mi desorden no era tan grave y yo no me sentía tan mal con la situación. En segundo lugar, porque nunca había experimentado los grandes beneficios de vivir con mayor orden y amplitud de espacios.

De hecho, ya me había llamado la atención el tema del orden con anterioridad y sabía que era un tema importante, pero no lograba identificar que fuera algo en lo que yo tuviera que mejorar.

Cuando quise impulsar mi productividad, leí un libro llamado "la conquista de la voluntad", de Enrique Rojas.

Me sorprendió que en el libro hubiera tantos capítulos con subtemas dedicados al orden. El que más me llamó la atención, y más me hizo reflexionar, fue el de "orden en la cabeza" porque me di cuenta de que por ahí podría venir gran parte de mi problema. Veía que tenía una gran incapacidad para enfocarme en pocas cosas en lugar de quererlo todo y buscar alcanzarlo al mismo tiempo.

Pero no solo eso me llamó la atención. Había muchos más subtemas que hablaban del orden: orden en el tipo de vida, orden en la forma, orden en los objetivos y efectos del orden en la vida personal. Había incluso un capítulo completo llamado "orden y alegría". Este libro fue como una primera llamada de atención que me cuestionó un poco. Pero ni siquiera al terminar de leerlo se me ocurrió que me conviniera ser más ordenada, físicamente, en mi casa.

Más adelante, tuve la oportunidad de entrevistar a varias personas cercanas sobre temas de productividad, ya que llevaba muchos años preparándome al respecto, con el objetivo de ayudar y dar cursos. Quería saber de primera mano los deseos y las necesidades de las demás personas para poder empezar mi blog y enfocarme a los temas de mayor utilidad. Me llamó la atención que, aunque las preguntas eran sobre administración del tiempo y productividad, una persona se centró en que necesitaba arreglar sus papeles. Decía que necesitaba dedicarle tiempo a eso y que le frustraba no poder hacerlo. Se daba cuenta de que eso le generaba estrés.

Tanto lo del libro como la entrevista debían de haber resonado en mí en ese momento, pero no. Era obvio que el orden, la productividad y el estrés estaban sumamente relacionados. Supongo que a veces los aprendizajes tardan en caer y lo hacen hasta mucho después, cuando nos encuentran más tranquilos y receptivos.

Ahora veo la importancia del orden para tener claridad de pensamientos y para que nos sea fácil decidir y hacer las cosas. Cada vez que uso algo, lo vuelvo a guardar. De repente fallo un poco y las cosas se empiezan a desordenar, pero me pasa cada vez menos seguido y lo arreglo más rápido. Además, muchas cosas ya se me han hecho hábito, en especial en la cocina. Saco, uso y guardo. Todo se mantiene limpio, espacioso y acomodado.

Y el orden y la limpieza permiten respirar mejor. Dan una sensación de libertad que nos permite pensar con más claridad. Todo lo contrario al sentimiento abrumador que viene con el desorden y la falta de espacio. Si de por sí hay momentos en que uno puede sentir que se ahoga con las preocupaciones del día a día, ¿para qué sentir también que te ahogas físicamente porque no tienes espacio para moverte, o porque te abruma la acumulación de cosas que ves?

Y parece mentira, pero el orden también nos anima y da energía para hacer cosas. Hace que las cosas parezcan, y de verdad sean, más fáciles. Nos facilita también que podamos enfocarnos en lo importante sin tener distracciones y preocupaciones adicionales.

Ahora todo eso me parece muy evidente, pero creo que apenas lo entendí hasta después de que lo experimenté en carne propia.

Con el orden de pensamientos me pasó como con el orden físico. Lo entendí hasta que lo experimenté, y entonces implementé varias de las recomendaciones de la metodología GTD (*Getting Things Done*). Esta es una metodología muy conocida en temas de productividad y fue de las primeras que aprendí y puse en práctica.

Lo primero que me llamó la atención de lo que explica el autor es que nuestros cerebros están hechos para resolver problemas y que son muy buenos para ello. Dice que, sin embargo, con el estilo de vida y velocidad con la que vivimos hoy, tendemos a tener muchos pendientes por hacer o por resolver. Como estos pendientes son cosas importantes para nosotros, continuamente estamos haciendo un esfuerzo para que no se nos olviden. Este esfuerzo continuo, por completo inconsciente, nos lleva a vivir con mucho estrés y nos dificulta concentrarnos en lo que de verdad deberíamos: en resolver problemas. No permite que nos enfoquemos en lo que estemos haciendo y en hacerlo bien. Nos recuerda las cosas en el momento más inesperado y nos distrae. Todo el tiempo está gastando energía de fondo para que las cosas no se le olviden, en lugar de enfocarse en lo que debería.

Yo leí esto y me pareció lógico, pero yo estaba segura de que, como yo trabajaba por mi cuenta, no tenía los altos niveles de estrés que vivía antes, cuando tenía jefe y compañeros de oficina. Aunque no pensé que la metodología me fuera a ayudar con el tema del estrés, sí pensé que me podía ayudar a ser más productiva. Así que, siguiendo con el razonamiento del autor, me puse a hacer mis propias listas de tareas. Lo sorprendente fue que, tal como él dice, pude experimentar que el estrés disminuyó. Como ahora apuntaba mis pendientes y los revisaba de forma periódica, mi cerebro estaba tranquilo de que ya no tenía que recordarlos. Y me dejaba en paz.

Me di cuenta de que me sentía mucho mejor. Más libre y despejada. Había perdido el estrés que según yo "no tenía". O para decirlo mejor, el estrés que yo no sabía, o no quería reconocer, que tenía.

De hecho, me ha tocado comprobar muchísimas veces que esto es lo que genera la mayor cantidad de estrés y *burnout* laboral. Al no tener más que una consciencia difusa de nuestros pendientes, estos simplemente están ahí generándonos incomodidad y molestándonos en los momentos más inoportunos. Además, al no tener claridad de la cantidad de compromisos que hemos aceptado, junto con otras dificultades para decir que "no" cuando alguien nos pide algo, no podemos decidir correctamente cuando aceptamos nuevas responsabilidades y la fecha con la que nos comprometemos a cumplirlas.

Para mis *coachees* en posiciones de liderazgo, esto ha sido todavía más relevante. Sin pretenderlo, habían ido fomentando una cultura de desorganización, incumplimiento y estrés que los afectaba a ellos, a sus subordinados y a sus clientes. Ha sido maravilloso poder acompañar a algunos de ellos a desarrollar el orden y la organización que requieren para salir de este estrés continuo. Al trabajar este tema, empezaron a vivir sus vidas profesionales y personales sin la sensación continua de preocupación generada por todo el trabajo pendiente que no lograban tener bajo control.

Yo también reduje mi estrés porque, además de obtener más control sobre mis pendientes, pude optimizar un poco la forma en que hacía las cosas. Como revisaba mis listas todos los días para decidir qué programar para el día siguiente, podía decidir mejor. Tenía un panorama mucho más completo de la situación. Empecé a aprovechar mejor el tiempo cuando salía de casa, ya que aprovechaba para hacer varias cosas según el tiempo que tenía disponible, la urgencia y la cercanía de las vueltas que necesitaba hacer. En las tareas de la casa y en el trabajo de oficina me pasó igual. Al tener varias listas de tareas, separadas por categoría de contexto, pude agrupar tareas similares y ser más efectiva al solucionarlas.

Por otro lado, también fue maravillosa para mí la metodología que él usa para ordenar sus papeles. Hoy puedo mantener ordenados mis papeles con una facilidad que no deja de sorprenderme. Es solo cuestión de tener un lugar para cada cosa. Tengo un archivero con folders que me facilitan la clasificación. En las raras veces en que de plano no logro encontrar dónde meter un papel, me doy cuenta de que la decisión es fácil, necesito crear un nuevo folder.

Creo que llevo utilizando este sistema más de tres años y que, a lo mucho, he necesitado meter dos o tres folders nuevos. Papel que llega a mis manos, papel que uso o guardo con facilidad. El truco es guardar de inmediato. Si hay una tarea que hacer con ese papel, pues se apunta en la lista. El papel se guarda y se saca con mucha facilidad cuando sabemos dónde vive y es fácil de sacar. Ya no hay necesidad de dejarlo afuera como recordatorio de que necesitamos hacer algo con él.

El último tipo de orden que llegó a mi vida fue consecuencia de todo lo demás que estaba trabajando de manera integral, tanto en el descanso, como en el orden físico.

Me volví, por fin, mucho más ordenada en mis pensamientos y objetivos. De pronto, pude enfocarme en menos cosas, renunciando a otras sin dificultad. Empecé a lograr el desprendimiento, no solo físico, sino también con respecto a mis proyectos. Fue algo sorprendente porque dejé de desear algunas de las cosas a las que antes me parecía imposible renunciar.

Empecé a valorar los logros que había tenido en algunos aspectos de mi vida y me pregunté si de verdad quería más. Comprendí que, en algunas cosas, ya había tenido logros importantes para mí, y que ya no necesitaba más. De pronto, vi que algunas actividades, en ese momento concreto, me representaban más estrés que beneficios y placer. Vi que estaba disfrutando mucho de las pequeñas cosas de la vida, y de la paz y dicha continua que había en ellas.

Por ejemplo, cuando dejé el coro, no fue porque hubiera dejado de valorar el aprendizaje, reto y relaciones sociales que me proporcionaba, sino porque prefería vivir con menos presión. Preferí enfocarme en otros proyectos. Decidí dejar de correr y de querer hacer todo. Experimenté por primera vez la claridad que llega cuando tenemos en orden nuestras prioridades y pensamientos. Estas buenas decisiones se pueden identificar con claridad por el convencimiento con el que las tomamos y por la paz y seguridad que sentimos al hacerlo.

De hecho, este tema es tan poderoso que puede ser también la diferencia entre disfrutar o no nuestra vida profesional. Me encanta ver, una y otra vez, cuando mis clientes empiezan a identificar las cosas que les gustan, las cosas en que son buenos, y las cosas que tienen más impacto para lograr los resultados que buscan en su trabajo. Cuando empiezan a alinear sus acciones del día a día para enfocarse solo en esto, la vida les cambia y empiezan a disfrutar su trabajo.

Ahora que soy consciente de esto, puedo ir detectando cómo me siento diferente en los días en que utilizo mi tiempo para hacer las cosas que me gustan o que están claramente relacionadas al logro de mis metas. Me siento satisfecha y llena de energía. Y cuando me distraigo con otras cosas, o hago algún proyecto por las razones incorrectas, como cuando me guío más por el tema económico que por mi meta a largo plazo, la tarea se vuelve más pesada y menos satisfactoria.

Por último, me gustaría hablar del descanso de estímulos. Todos los temas que he tocado en este capítulo nos llevan a eso. Cuando liberamos a nuestro cerebro de tantos estímulos, le es más fácil decidir entre lo importante y lo accesorio.

Estamos sujetos a tantos estímulos diarios que nuestros cerebros tienen una carga de trabajo impresionante. Diría yo, que no están hechos para eso.

Por supuesto, nuestro cerebro está hecho para recibir muchísima información, interpretarla, decidir con qué se queda y descartar el resto. Pero considero que no están hechos para manejar tanta cantidad de estímulos como la que tenemos hoy en día.

Durante miles de años el hombre tuvo que lidiar con mucho menos estímulos que ahora. No tenía contacto con tantas personas ni estaba bombardeado con tanta información, noticias o anuncios. No tenía que procesar tantas imágenes en tan poco tiempo como ahora nosotros con las imágenes y videos que recibimos y vemos a diario. Fue solo hasta el siglo XX que las cosas empezaron a cambiar drásticamente, y los estímulos que recibimos empezaron a aumentar de manera exponencial.

Sin duda, nos hemos ido adaptando a eso, pero la gran pregunta es, ¿hasta qué punto? Yo creo que le puedo ayudar a mi cuerpo a reducir algunos estímulos para facilitarle el trabajo y no cansarlo innecesariamente. Cada uno es el responsable de medir y decidir cuál es la adecuada cantidad de estímulos en su vida. Qué cosas puede y quiere quitar, y cuáles decide conservar. Hay personas que se vuelven minimalistas por completo, o se van a vivir al campo, y otras que hacen cambios mucho más sutiles.

En lo particular, he visto muchos beneficios al tratar de reducir la cantidad de estímulos en mi vida, y quiero cuidarlos. Por esta razón, evitaré adaptarme a muchas cosas del estilo de vida actual, priorizando un estilo de vida diferente.

Quería hablar del descanso de estímulos porque hay muchas cosas que sí están en nuestras manos. Las noticias a veces nos abruman con preocupaciones sobre las que no tenemos ningún control. Está comprobado que, después de vivir fenómenos naturales destructivos, guerras y otras crisis, las personas que se recuperan más rápido son las que no ven las noticias. Estas personas actúan y se ocupan para resolver las cosas. Se centran en lo que pueden hacer, en lugar de preocuparse y abrumarse innecesariamente.

Se hizo un estudio en Japón después de un Tsunami y vieron que ese era un factor determinante en la velocidad con la que la gente se recuperaba de los efectos negativos que estaban viviendo. Los que estaban conectados a las noticias tardaban mucho más, ya que se desanimaban al ver todos los problemas y obstáculos. En cambio, los que no veían las noticias estaban activos buscando la forma de salir adelante y venciendo, no huyendo, de los obstáculos que se les presentaban. Esto mismo es válido para los problemas de índole económica, decisiones de los políticos, la inseguridad pública, recortes de personal, divorcios o las enfermedades y accidentes. Si tenemos nuestros pensamientos ocupados en las cosas malas, nos paralizamos y dejamos de ver las oportunidades que están ya ahí para nosotros, o que podemos generar.

Los chats grupales, memes, videos, fotos y redes sociales pueden ser muy útiles, pero también pueden quitarnos tiempo y ser abrumadores. Así que, ¿dónde te conviene enfocar tus energías? Yo tengo bloqueadas las imágenes y videos de mis chats. Cada vez leo menos cosas y reenvío menos cosas. He aprendido a preguntarme qué tanto valor aportan y si realmente vale la pena que los envíe. Me he alejado conscientemente de las críticas a los políticos porque solo me causan frustración, enojo y odio. Si no estoy de acuerdo con algún comentario que me llega en *WhatsApp*, solo procuro no prestarle atención ni darle tiempo en mis pensamientos.

Cada vez soy más selectiva, y eso me ayuda a vivir con más plenitud, menos ansiedad y estrés. Cuando necesito algo de información, lo busco. Casi no participo en las redes sociales más que con objetivos muy concretos que me ayuden a llegar y ayudar a más personas a transformar sus vidas. Me quedo con las redes que considero que me aportan más, y soy selectiva con el nivel de atención que le pongo a los mensajes sobre los temas que no estoy buscando. Eso me facilita el enfoque y la capacidad de centrarme en lo importante. Me permite concentrarme con mayor profundidad y lograr las cosas con mayor facilidad.

Hay otro tipo de orden que también tiene suma importancia y que he visto, con muchas de las personas con las que he trabajado, que es el que desencadena más problemas: el orden financiero. Tanto con mis clientes como en mi vida personal, he visto que, muchas veces, nuestras decisiones están fuertemente impactadas por la forma en que administramos nuestras finanzas. El orden financiero depende, en gran medida, tanto de nuestras creencias sobre el dinero como de nuestros sueños y deseos.

En lo personal, mi relación con el dinero ha experimentado muchos cambios de acuerdo a las circunstancias de vida por las que he ido pasando. Siempre he sido ordenada en mis finanzas, pero continuamente me preparo con nuevos aprendizajes, y poniendo en práctica herramientas que me han ido liberando del miedo a la inestabilidad o escasez económica.

He visto que mis decisiones están muy influenciadas por mis creencias sobre el dinero, desde la casa que compro, hasta mis gastos del día a día. Por eso me he dado la oportunidad de cuestionarme sobre estas creencias y de trabajarlas con herramientas como el PNL (Programación Neuro Lingüística) y otras que me han sacado, para bien, de mi zona de confort. Puedo decirte que, en general, en lo que más he invertido en mi vida, y seguiré invirtiendo, es en mi educación. He invertido tiempo y dinero en libros y cursos de todo tipo: académicos, informales y por internet.

El orden financiero da para un libro completo, y por eso no me gustaría entrar más que en unas cuantas cosas que a mí me han hecho descansar en este sentido. Lo que yo he descubierto es que, en mis decisiones económicas, me conviene escuchar mis emociones y miedos para entenderlos y poder tomar mejores decisiones. Tomo muy en cuenta mis emociones y comportamientos y les doy prioridad a la hora de decidir, en lugar de solo tomar en cuenta lo que financiera o numéricamente es mejor.

Por ejemplo, evito las compras a meses sin intereses. Prefiero ahorrar y comprar las cosas de contado que tener pequeñas deudas constantes, que se pueden ir acumulando hasta volverse una fuerte carga emocional. Si sacamos los números, en lo financiero no gano nada, pero mi descanso emocional es mucho más valioso. De hecho, solo me he endeudado para comprar cosas grandes y costosas: mis estudios académicos, un coche, una franquicia, y bienes inmuebles. En todos estos casos, he pagado siempre mis deudas antes del plazo previsto y me he deshecho de la preocupación que me generaban. Además, eso me ayuda a mantener mi capacidad de endeudamiento siempre lista para aprovechar alguna buena oportunidad, y aquí, obviamente, soy muy selectiva para decidir qué es una buena oportunidad.

Creo que en lo que más ha cambiado mi relación con el dinero es en la forma que priorizo y me permito disfrutar de él. Como mi papá murió cuando yo tenía seis años, y mi mamá tuvo que lidiar con cuatro hijos, siendo yo la mayor, siempre quise apoyar en todo lo que pudiera a mi mamá. En particular, en el tema económico, cuando hubo problemas, quise apoyar lo más posible y privarme de todo lo que en verdad no fuera imprescindible. Así, durante mucho tiempo, carecí de la capacidad de concederme algunos placeres y permitirme disfrutar el dinero.

Casi todo el dinero que me llegaba a las manos, lo ahorraba para gastarlo después en algo grande e importante. De esta manera, pude invertir en mis pequeños negocios, vendiendo dulces en la primaria y joyería en el bachillerato. Eso me permitió viajar y ver al Papa Juan Pablo II en varias ocasiones, o regalarle un refrigerador a mi mamá antes de mis quince años. Pero no fue hasta que, en uno de esos viajes, me di cuenta de que tenía una gran incapacidad para disfrutar el dinero cuando sí lo tenía. En ese viaje, un seminarista me preguntó qué había comprado para llevarme a México. Le conté las pocas cosas que había comprado y para quiénes eran. Se compadeció tanto de mí, y de que no me había comprado nada, que me regaló una cuchara de recuerdo que él había comprado.

Eso me ayudó a ver la importancia de aprender a disfrutar del dinero. Ha sido un largo recorrido buscando el punto medio entre el ahorro y el goce actual de los bienes, pero ahora siempre busco diferentes formas, aunque sean pequeñas, de darme gusto. Supongo que esas prioridades también siempre estarán en movimiento, pero puedo decir que ahora gasto con mayor facilidad, y que tampoco he perdido la capacidad de ahorrar y de ver por mi futuro.

No importa cuánto gane, siempre asigno una parte al ahorro, otra a la inversión, otra a la caridad, otra a mis gastos esenciales y otra a mis pequeños gustos. Nunca me he endeudado más allá de mis capacidades, y las crisis económicas siempre me han encontrado mejor parada que a muchísimas personas que conozco. Lo más importante, mis decisiones laborales o de calidad de vida, no han estado dirigidas por mi relación con el dinero. Sin duda ha influido, pero siempre he gozado de cierto respaldo económico (orden financiero) que me ha permitido decidir con bastante libertad.

De hecho, creo que esa es la palabra clave para saber si tenemos orden en nuestras finanzas. Si podemos actuar y tomar decisiones económicas con libertad. Algunos *coachees* que han trabajado conmigo en este tema han visto que les cambia la vida cuando dejan de comprar las cosas a meses sin intereses, cuando se quedan sin deudas atrasadas en su tarjeta de crédito, o cuando empiezan a invertir en lugar de solo gastar. Y para los que son empresarios, el cambio es aún mayor, sobre todo porque empiezan a trabajar con un colchón de efectivo que siempre les permite tomar buenas decisiones con libertad. Se dan cuenta de que pueden vivir sin la continua preocupación de tener que conseguir el dinero para pagar la nómina o a sus proveedores que amenazan con dejar de surtirles la materia prima y detenerles su producción. En ambos casos, el orden en las finanzas les quita un estrés enorme de sus vidas, tanto personales como familiares, y les permite vivir tranquilos y descansados.

El orden en horarios y rutinas también es algo que me ha ayudado mucho a lo largo de mi vida. Creo que no hay forma de hacer y lograr todo lo que yo he hecho sin ser disciplinados en el tema de horarios. Cuando trabajaba para una empresa, no había problema, porque tenía que llegar a trabajar a cierta hora. Pero veo que, como profesionista independiente, o para cualquiera que trabaje en casa, es un punto que hay que cuidar especialmente.

En lo personal, como antes siempre me sentía cansada, me costaba trabajo levantarme temprano y adherirme a una rutina. Para ayudarme, acudí al truco de poner alguna actividad temprano que me comprometiera con otras personas a levantarme a cierta hora. Empecé a ir a misa diaria a primera hora y, hasta la fecha, eso me ha funcionado de maravilla. Algunos de mis *coachees* han probado con algunas variaciones a esta misma idea, como inscribirse a alguna clase deportiva, hacer el desayuno para su familia u ofrecerse para llevar a sus hijos a la escuela.

Si tengo que hacer actividades periódicas, busco agruparlas para hacerlas de la forma lo más eficiente posible, y en los mejores horarios y secuencias. He hecho diversas pruebas para ver la mejor hora para comer o hacer ejercicio. Busco los horarios en que me conviene hacer las cosas según mis niveles de energía y el gusto que tengo por cada actividad. Hay cosas que procuro hacer muy temprano en la mañana, y otras más bien por la tarde. En la mañana, procuro no hacer cosas que me dejen muy cansada porque después me cuesta mucho trabajo seguir siendo productiva. Finalmente, sigo probando y ajustando hasta encontrar lo que más me conviene. Una vez que llego a los mejores horarios y rutinas, hago lo posible por apegarme ellos.

De hecho, ya que encuentro la mejor forma de hacer las cosas, por medio de repetición y agrupamiento de actividades, voy creando hábitos y rutinas que me permiten actuar con más facilidad y eficiencia. Es diferente cuando todos los días tienes que tomar la decisión de hacer algo, que cuando esto se vuelve automático y fácil. Cuando quiero desarrollar un hábito, o incluso una virtud, al principio tengo que hacerlo de manera muy metódica y consciente, y luego se va volviendo parte de mi forma de ser. En el momento que menos lo imagino, me doy cuenta de que, aun las cosas que en un principio se me hacían difíciles, llegan a ser parte de mi personalidad y de mis fortalezas, sobre todo cuando llevo ya mucho tiempo usándolas y desarrollándolas. Es la magia de los hábitos que, a su vez, nos llevan a desarrollar virtudes.

Veo que, cuando llevamos una vida ordenada, en todos sus aspectos, esta se vuelve una mejor vida. A lo mejor existen otros tipos de orden que, en este momento, ni siquiera se me ocurren. Si tú has pensado en otros tipos de orden mientras leías este capítulo, seguro es una indicación de que encontrarás grandes beneficios al trabajarlo. Confía en ti y en tus sentimientos e intuición. Estoy segura de que vivirás sorpresas maravillosas. Se me ocurren, por ejemplo, el orden en el coche, en los proyectos, en los placeres o en los afectos.

En fin, mi aprendizaje clave en este tema del descanso emocional es que, a pesar de que ahora estoy logrando menos cosas porque soy más selectiva, definitivamente las considero "mejor logradas". Es decir, mi aprendizaje y satisfacción es mayor porque me entrego con más plenitud a esos objetivos. Estoy contenta con este giro que he dado y con la reducción en cantidad de frustración que voy logrando. Es probable que durante toda mi vida siga aprendiendo a decidir qué tanto debo abarcar, pero en definitiva estoy contenta por los cambios que he hecho y por todo el estrés que he dejado atrás.

Conclusiones

Como en otras cosas, noto mi tendencia a regresar y sé que tengo que reflexionar constantemente. También tengo que recordar cómo me sentía en un inicio y los beneficios que obtuve, y frenar algunos de mis impulsos naturales. El orden en todos los aspectos de mi vida, y la claridad que este me proporciona en mis pensamientos y toma de decisiones, son algo muy importante para mí. Mi nivel de frustración ha bajado muchísimo y en muchas decisiones se ha vuelto completamente nulo.

Por lo pronto, resumo lo que yo he aprendido a cuidar sobre el orden:

- Orden físico en todos los espacios. La primera vez que ordenamos lleva mucho tiempo abarcar todos los espacios de una casa. Date el tiempo. Se puede hacer un trabajo constante para dedicarle un tiempo los fines de semana. Marie Kondo habla que la mayoría de sus clientes lo hacen en aproximadamente seis meses. Yo terminé con todo en nueve meses porque dejé de ordenar durante cuatro o cinco meses. Al final, retomé lo poco que me faltaba y terminé. Valió la pena. Cada vez que avanzaba con un nuevo espacio, solo podía pensar que los beneficios habían superado las dificultades. Busca que las cosas queden en un lugar fácil de sacar y guardar. Genera el hábito de usar y guardar. Aunque hayas dejado las cosas incompletas, y mañana lo vayas a volver a usar, vuelve a guardarlo. Con el tiempo irás encontrando lugares más cómodos para guardar y sacar las cosas, cerca de donde las usas, con mayor facilidad.

- Orden en tus papeles. En varias temporadas de mi vida, he visto cómo se me acumulaban los papeles, en especial en la oficina, y cómo eso me abrumaba. Además, cada vez que tenía que ordenar muchos papeles, tenía que dedicarle mucho tiempo. Moraleja: no dejar acumular los papeles. Igual que con el resto: usar y guardar. No querer dejar las cosas como recordatorio de que hay que hacer algo, ya que para eso sirven las listas de pendientes. Esto aplica también para la información electrónica y la maña que tienen algunas personas de ir poniendo todo en el escritorio.

- Orden en los pendientes y preocupaciones. Desde que soy pequeña se me ha dificultado eso de apuntar. Varias veces en la escuela decidí apuntar la tarea. El problema era que después no consultaba lo que había apuntado y terminaba por no servirme. Creo que de todo lo que he hablado aquí, esto de llevar listas de pendientes es lo que me parece más difícil. Pero también es donde he sentido con más claridad que libero estrés. Es algo que me ayuda a decidir bien y ser productiva. Es algo que descuido y decido retomar una y otra vez. Voy haciendo pruebas y ajustes todo el tiempo. Cada vez es un poco más fácil y voy reforzando el hábito. La clave es aprender, medir, reflexionar, cambiar y avanzar. Siempre avanzar.

- Filtro consciente de estímulos. Con tanta información que recibimos a diario, si no decidimos conscientemente a qué le vamos a dar cabida en nuestros pensamientos y tiempos, seremos secuestrados por los estímulos externos sin ningún control por nuestra parte. Decide qué información es valiosa para ti, qué ver en redes sociales y cuánto tiempo dedicarle. Permite solo aquello que te proporciona un valor real para fomentar en ti una actitud positiva y para lograr tus objetivos. Todo lo demás, simplemente no lo necesitas en tu vida ni te aporta valor.

- Orden en los objetivos y en el pensamiento. Esto es importantísimo, y para mí, en gran medida, es fruto del cuidado de mi descanso de manera integral. Veo que para mí representa un cuestionamiento continuo sobre mi felicidad cotidiana y mis prioridades. ¿Llego al final del día agradecida por el día vivido, mis aprendizajes y capacidad de disfrutarlo? Si no es así, es señal de que hay que hacer cambios, y en verdad creo que los diagnósticos ayudan mucho a poner objetividad a las cosas.

- Orden en las finanzas. Solo quiero delinear algunos conceptos sencillos pero poderosos. Gasta menos de lo que ganas. Compra solo lo que necesitas y solo en la medida en que tengas el dinero para gastarlo. Date gustos solo en la medida de tus posibilidades, buscando con creatividad las cosas que disfrutas y que se ajustan a tu presupuesto, sin limitarte por completo. Ajusta tus gastos para poder ahorrar siempre, aunque sea un 10% de tus ingresos. Esto te permitirá tener un colchón de seguridad que te proporcione tranquilidad y te permita tomar decisiones con claridad y sin temor.
- Orden en los horarios. Buscar mantener los mismos horarios y tener rutinas nos da mucha paz. Nos permite planear y cumplir con mayor facilidad. Nos da certeza de lo que queremos en nuestro día y nos permite tomar mejores decisiones. Nos evita gastar energía en algunas decisiones que ya están tomadas porque son parte de la rutina. Y eso nos ayuda a concentrarnos mejor, ser más efectivos y vivir con menos estrés.

Ya, para estas alturas, te habrás dado cuenta de que tiendo a ser ordenada y metódica, así que, si te sirve, te comparto también un pequeño diagnóstico sobre este capítulo. Puedes encontrarlo al final de este libro o descargarlo en:

www.desequilibrioconsciente.com/descanso/kitlibro/

Capítulo 7

El descanso en Dios: aceptación y amor al prójimo

¿No sería fabuloso si realmente pudiéramos vivir todos nuestros días y acciones diarias con la santa indiferencia de la que hablaba San Ignacio de Loyola? Por si no lo habías escuchado antes, te lo explico con mis propias palabras. Se trata de un completo abandono a la voluntad de Dios que nos permita no aferrarnos o, en sus palabras, ser indiferentes a nuestros propios planes y deseos. San Ignacio descubrió que hacer la voluntad de Dios era lo que lo hacía feliz. Se dio cuenta de que daba igual si Dios lo ponía en una situación u otra. Lo importante era abandonarse y saber que, en cualquier situación de vida que Dios le concediera vivir, iba a ser feliz si confiaba en Él.

Este capítulo trata sobre la vida espiritual y la capacidad de descansar en Dios. Como yo soy católica, hago referencia a mis ideales y luchas desde este punto de vista. Realmente pienso que las religiones tienen muchos más puntos en común que diferencias. Creo que, si nos centramos en las coincidencias, siempre podemos sacar mucho valor al conocer otros puntos de vista e ideologías. No pretendo convencer a nadie sobre mi forma de pensar, pero sí hablaré con libertad sobre la forma en que yo lo he vivido y sobre las gracias que he visto que Dios me ha ido prometiendo y concediendo.

No hay ningún problema si decides saltarte este capítulo e ir directo con los siguientes capítulos del libro. Honestamente, creo que aun si profesas otra religión o vives tu vida espiritual de manera muy distinta a la mía, puedes encontrar reflexiones interesantes. Te invito a decidir libremente y, si decides leerlo, a hacerlo con apertura. No se trata de que abraces mis reflexiones y conclusiones, sino las que esta lectura vaya suscitando en ti.

Cuando empecé este camino del descanso, había muchas cosas que me hacían darme cuenta de que necesitaba fortalecer mi vida espiritual. Siempre he querido poder descansar en Dios, pero no es tan fácil hacerlo como desearlo. ¿Qué significa eso de descansar en Dios? Para mí, significa confiar en él. Ser capaces de abandonarnos a su voluntad con la plena confianza de que él nos cuida y de que sacará cosas buenas de todo lo que nos suceda.

Me encanta la comparación que podemos hacer con un niño de pecho. Cuando los bebés están en brazos de su padre y de su madre, tienen plena confianza en que serán cuidados con amor y en que no tienen nada que temer. Pueden hacer lo que quieran y sus padres los seguirán queriendo. Los padres se alegrarán al ver en el hijo una sonrisa y le corresponderán con su amor. Pero, de igual forma, amarán con profundidad al niño cuando este requiera un cambio de pañal o vomite. Los padres se alegran en especial con las cosas bonitas de sus bebés, pero los aman por el simple hecho de ser sus hijos, sin importar sus vulnerabilidades y deficiencias.

A veces, los padres aman a sus bebés precisamente "a causa" de esta fragilidad. ¿Quién no se llena de ternura al pensar en la pequeñez de un bebé? ¿Quién no se siente conmovido y lleno de amor al saber la completa dependencia que ellos tienen de nosotros como adultos? ¿Quién podría ser indiferente ante la necesidad de cuidados y de protección que tiene un recién nacido?

Así me gusta imaginarme ante Dios. Yo siendo una bebé que puede estar muy confiada en que su padre la cuidará, alimentará, sanará, limpiará y hará feliz. Viendo a Dios como un padre amoroso que me ama con mis virtudes y defectos. Que se enternece ante mi pequeñez y ve siempre por mí, por mi seguridad, por mi salud, por mi felicidad. Pero que también se alegra y preocupa por mi crecimiento, aprendizaje y desarrollo. Veo que, como un padre amoroso, también me educa y quiere que sea una persona de bien, y que aprenda a tomar buenas decisiones en mi vida. Me aconseja, pero siempre me deja decidir a mí, y siempre me acoge después de esas decisiones, sean buenas o malas. Si me hicieron feliz, comparte mi felicidad. Si me hicieron sufrir, me recibe con amor: me cura y me consuela.

Con esto en mente, puedo decir que esta es mi filosofía y meta, pero que, aunque se dice fácil, la capacidad de vivirla en el día a día es otro boleto. Y precisamente, cuando no descanso en Dios, puedo encontrar en mi vida algunos síntomas de miedo y sufrimiento con los que me doy cuenta de mi falta de confianza en Él.

Me gustaría compartirte mi camino y mis descubrimientos en este sentido, mis anhelos y sufrimientos. Poco a poco, Dios ha conseguido que entienda las cosas de una nueva forma. Cada vez me regala amar más, vivir más libremente, con más confianza y con menos miedos.

Por ejemplo, he visto que en algunos momentos de mi vida he tenido preocupaciones económicas. Fueron ocasiones en las que me puse a "futurear" sabiendo que, si no cambiaba algo, tendría problemas dentro de tres o seis meses. He oído hablar de que es importante ocuparnos en las cosas en lugar de preocuparnos. La verdad es que yo generalmente hago las dos. Sin embargo, en el tiempo que pasa entre que me ocupo y que tengo resultados, es normal que me encuentre preocupada. He experimentado, una y otra vez en mi vida, que en realidad nunca he tenido un problema económico serio. ¿Por qué, aun así, soy incapaz de confiar? Me estreso y me preocupo aun sabiendo que Él conoce mis necesidades y teniendo muchas experiencias previas que me dicen que Él me cuida y que estaré bien.

He visto que, muchas veces, tampoco he sido capaz de soltar mis planes. Como siempre busqué hacerlo todo, retacaba mis días para lograr aprovecharlos al 100%. Y si algo salía mal, y arruinaba mi plan, eso me descolocaba por completo. Viví durante muchos años en una completa incapacidad para dejar ir mis planes y adaptarme a una nueva situación sin que esto me pegara con tanta fuerza en lo emocional. Normalmente, terminaba molesta y frustrada. Si los planes se descomponían desde la mañana, a veces lo pasaba mal todo el día. Y, por si fuera poco, hacía que los demás a mi alrededor también lo pasaran mal, ya que compartía mis quejas y malestar con ellos.

Al principio, creo que ni siquiera era consciente del daño que hacía al ir repartiendo mi malestar por el mundo. Poco a poco me fui haciendo más consciente. Sin embargo, la consciencia no bastaba para evitarlo. De forma continua me he recriminado por portarme de esa manera. Dios me ha concedido ver que es bueno ir a pedir perdón a las personas a las que les compliqué el día, pero que eso no "borra" el mal momento que les hice vivir.

Desde hace algún tiempo comprendí que el mejor camino es simplemente adaptarse y disfrutar lo que venga. Sigo sin poder llevarlo a cabo en muchas ocasiones, pero otras, por fortuna, sí. Creo que es un proceso largo en el que he ido haciendo pequeños avances durante muchos años. Falta bastante, pero prefiero centrarme en los avances que en el camino que aún necesito recorrer.

Ha sido lindo cada vez que puedo frenarme y dejar de compartir mis quejas, o las veces en que he decidido enfocarme en lo bueno de las circunstancias y de las personas. También han sido maravillosas las veces en que he podido valorar y reconocer a los demás por todo lo bueno que tienen, quitando el énfasis en lo malo. He conseguido ver la buena intención y el trato de las personas que me atienden por teléfono cuando tengo un problema en lugar de centrarme solo en que no me solucionan las cosas. Y también ha cambiado mi actitud cuando, en lugar de ver que una amiga llegó tarde, me centro en reconocer lo mucho que valoro y aprecio el tiempo que podemos convivir.

O las veces en que he tenido contratiempos o cambios de planes, y que simplemente me adapto, y acabo teniendo un día igual de bueno, o mejor, que como yo lo había imaginado o planeado. Cuando he podido ser flexible y cambiar mi plan de ir al cine para acompañar a mi mamá a hacer alguna compra, o cuando en lugar de ponerme a leer termino lavando los trastes, me doy cuenta de que lo importante no es darme gusto, sino la convivencia y el amor que pongo en lo que hago. Y cuando pienso así, sin importar lo que haga, termino pasando un buen momento.

Otra actitud que creo que refleja la capacidad de descansar en Dios es la capacidad que tenemos de amar y donarnos al prójimo. Poco a poco me he hecho consciente de mi tendencia a esperar algo de los demás. Quería que tomaran decisiones como yo. Asumía que mi forma de actuar era la buena. Me era fácil y natural juzgar a los demás y esperar que ellos cambiaran. Poco a poco, he dejado de querer enseñar a los demás a que hagan las cosas como yo, y en lugar de eso, busco entender por qué hacen las cosas de otro modo. Así, además de dejar de juzgar, he aprendido otras formas de trapear o lavar trastes, de cocinar, o incluso de priorizar actividades. También me he enriquecido con otras opiniones y formas de tomar decisiones de negocios cuando escucho a otros consejeros y empresarios al desempeñarme como consejera o asesora en la incubadora de negocios o en los consejos consultivos en que participo.

Comprendí que los juicios me llevaban a separarme de los demás en lugar de unirme a ellos. Fui entendiendo que la felicidad no estaba en querer que todos los demás fueran o pensaran como yo, sino en aceptar a los demás tal y como son. Poder amarlos justo con sus defectos, o lo que yo juzgo que son sus defectos, y con sus virtudes. Además, ¿quién soy yo para juzgar lo que otros hacen o deciden bien o mal? ¿Qué me hace estar tan segura de que yo estoy bien y ellos no? En el fondo, estoy convencida de que no puedo y no debo juzgar a los demás. No tengo elementos para ello. Solo Dios conoce en plenitud las circunstancias que nos llevan a cada uno a decidir cómo lo hacemos. Además, ¿qué gano con juzgar al otro? Como dije, creo que solo separación.

Hablando de mi relación con los demás, me di cuenta de que tendía a enfocarme mucho más en lo malo que en lo bueno. Ponía la lupa en lo que faltaba o en lo que ellos hacían mal a mis ojos. Y esto me dificultaba ver todas las cosas maravillosas que tenían y centrarme en los buenos momentos que compartíamos.

Esta incapacidad de amar se reflejaba también en la dificultad que yo tenía para donarme y servir a los demás. Si mi mamá o mis hermanos me pedían que los acompañara a hacer algo, que lavara los trastes o los ayudara con algún problema de la computadora, me costaba mucho trabajo. Constantemente decía que no. O muchas veces, lo hacía de mala gana y haciendo patente mi enojo. ¿Qué ganaba yo con eso? Pasar un mal rato y hacérselo pasar mal a los demás. Pero las muchas veces que me propuse cambiarlo, a la hora de la verdad, cuando me pedían algo, volvía a ponerme a mí en primer lugar en vez de donarme al otro. Volvía a pensar en todas las cosas que yo tenía que hacer. Daba más valor a mis planes y terminaba por decidir de la misma forma. O me negaba a ayudar, o lo hacía de malas y haciéndole ver, o diciéndole claramente al otro que por su culpa estaba dejando de hacer mis cosas.

Por si fuera poco, mis altas exigencias no eran solo hacia los demás. Más que todo porque yo siempre he pensado que estamos en esta vida para tener un aprendizaje y crecimiento continuos, mi exigencia conmigo misma siempre fue muy alta. Pero eso me llevaba a juzgarme y recriminarme por mis debilidades, errores e incapacidades.

Esto no me convertía en una persona amargada o, al menos, no demasiado. Muchas personas a mi alrededor me consideraban una persona alegre. Yo me consideraba feliz y mucha gente disfrutaba mi compañía, ya que tengo muchos amigos y soy bastante sociable. Lo externo era bueno, y en general lo interno también. Pero siempre he sido muy reflexiva y he aspirado a ser feliz y a vivir la santidad de la vida ordinaria. En pocas palabras, he deseado y buscado mejorar aquellos aspectos que descubro que no son los ideales en mi vida.

Pero, como todos en este mundo, no he logrado, ni lograré nunca, la perfección. Y ahí es donde, con cada error, venía una constante recriminación.

Como te imaginarás, ese juicio hacia mí misma minaba mi autoestima y confianza en mí. Minaba también mi confianza en los demás. Y, por lo tanto, era un freno para poder disfrutar la vida. Disfrutaba algunos momentos y luego veía algo que estaba mal, y dejaba de disfrutar.

Creo que la vida siempre será así. Nunca llegaremos a la perfección. Ahora aspiro a hacer que los momentos de disfrute sean más frecuentes, más largos y más plenos. Procuro también que los malos momentos sean más cortos y menos intensos. Y eso lo logro centrándome en lo positivo.

Al mismo tiempo, me doy cuenta de que también vivía con miedo. Miedo a mi debilidad. A lastimar a los demás sin querer. A ser demasiado dura e hiriente ante un enojo. Miedo, en general, a caer en mis debilidades de siempre. Veía que había actitudes y acciones que no lograba cambiar. Aunque deseaba ser mejor, una y otra vez me daba cuenta de que volvía a caer. Entendí que no era libre. No lograba decidir, en el momento de la emoción, lo que era mejor para mí en el largo plazo. Me dejaba dominar por mis emociones.

Fui entendiendo el concepto de la esclavitud del pecado. Mi forma de interpretar los mandamientos y el pecado es que son "recomendaciones" que Dios nos hace para que podamos vivir felices. Somos libres de elegir o no esas recomendaciones. Pero cuando elegimos no seguirlas, he descubierto que nos dañamos y dañamos a otros. Cuando nos dejamos llevar por nuestras emociones y por nuestra búsqueda de placer inmediato, nos volvemos esclavos del placer o de las emociones negativas que a veces tenemos.

También mi relación con el trabajo ha venido sufriendo cambios importantes. Siempre tuve el gran anhelo de vivir mi trabajo profesional como una fuente de trascendencia. Mi idealismo me llevó a buscar un trabajo que yo amara de verdad. Deseaba encontrar un trabajo que no fuera difícil, sino placentero. Algo que disfrutara hacer y con lo que pudiera servir, amar y aportar a los demás. Me puse a perseguir el ideal de trabajar en algo que fuera tan bueno para mí que disfrutara haciéndolo, aunque nadie me pagara. Veía que mi trabajo estaba 100% relacionado con mi misión de vida. Quería encontrar mi misión y servir a Dios de la manera concreta en la que él quisiera llamarme, pero durante muchos años no lo tuve claro y eso me impedía estar tranquila y descansar en Dios.

Hablando del trabajo, veo que continuamente me la pasaba en una contradicción. En unos momentos deseaba dar y servir, y luego analizaba el costo-beneficio del tiempo y esfuerzo que requería, y decidía que los costos eran muy altos para los beneficios que recibía. Esto me llevaba a limitarme de forma constante en lo que daba. Todo lo ponía en esa balanza de costo-beneficio y terminaba haciendo algunas cosas a medias. Daba, pero solo en la medida que veía que eso me fuera a redituar. Si el pago era poco, decidía invertir poco de mí. Poco tiempo y poco esfuerzo.

Quizá hacia afuera no se notaba tanto. Buscaba hacer las cosas con buena calidad y compromiso, pero rara vez daba ese extra. Yo sabía que podía hacerlo mejor. Pero como estaba tan ocupada, optaba por maximizar las ganancias. Esto tenía sus ventajas, ya que lograba administrar mi tiempo para hacer muchas cosas. Pero en el fondo, al saber que podía dar más, me quedaba con un vacío e insatisfacción interior. Veo que este vacío, difícil de reconocer, de alguna manera me molestaba permanentemente, oculto en el fondo de mi ser.

Por último, otro de mis grandes anhelos era, o en realidad sigue siendo, el de poder ser humilde.

Poco a poco me fui haciendo cada vez más consciente de mi soberbia. En general, mi forma de hablar denotaba mucha autoridad y firmeza. Tanto mis opiniones como mis juicios eran expresados de tal manera que no admitían duda o réplica. Eran claros y firmes: rígidos. Esto me creaba barreras de comunicación y me impedía llegar a los demás. Evitaba que los demás se identificaran conmigo y con lo que yo decía. Impedía que se creara un ambiente bueno para explorar diferentes formas de pensar y para construir en conjunto.

Para mí, era frustrante saber que yo quería ayudar y ver que no lo lograba. Quería compartir a los demás lo que yo había descubierto para aportar riqueza a sus vidas. Pero, en ocasiones, solo lograba que me vieran como una persona impositiva, y que aceptaran sin estar convencidos de lo que yo decía, solo para evitar el conflicto. Otras veces, aceptaban solo de palabra, pero sin pretender actuar de acuerdo con lo que habían aceptado.

Esto siempre fue doloroso para mí. Yo quería ayudar. Quería que los demás también fueran felices. Quería aportar cosas buenas. Veía mis buenas intenciones y me dolía comprobar una y otra vez que me había equivocado, sin lograr el objetivo. A veces, esta dureza me provocó fracturas en mis relaciones. Algunas veces, incluso perdí relaciones para siempre. Buena intención, mala ejecución. Buen fondo, mala forma.

En este sentido, el descanso físico desató también mi capacidad para vivir el descanso en Dios. Poco a poco, algo en mi interior fue cambiando. Creo que, en el fondo, me ha hecho valorar más a los demás. También creo que me ha hecho perder un poco del miedo a equivocarme. Ahora pregunto más en lugar de asegurar las cosas. Me interesa más conocer los puntos de vista de los demás, y entenderlos mejor, en lugar de mostrar que yo estoy en lo correcto. Mi forma de hablar se ha "suavizado" un poco y me ha ayudado a tender puentes y no barreras.

Sin darme cuenta, un día me encontré siendo un poco más capaz de amar a los demás.

De repente, era una persona que sonreía mucho más a menudo. Llegaba a diferentes lugares saludando a la gente que estaba ahí para atender a los clientes, como las personas de intendencia, hostess o meseros.

Yo había intentado ser más amable y saludar a las personas en muchos momentos de mi vida. Me parecía lindo cuando veía a otras personas llegar a un lugar y saludar a todos con una sonrisa y deseándoles buenas tardes. Veía que hacían sentir bien a los demás y quería hacer lo mismo. No lo había logrado. Cuando me daba cuenta, era en la noche mientras analizaba mi día, cuando ya había perdido la oportunidad de hacerlo. Aunque había tenido la intención, en el momento en que estaba ahí, simplemente lo olvidaba.

Fue impresionante para mí la sorpresa al notar que un día, sin siquiera intentarlo, me descubrí haciéndolo. Era como un impulso natural. Empecé a sonreír más, a saludar de manera espontánea, y a ser más amable. Era lindo ver a los demás responderme igual. Me hizo sentir bien y aportó otro poco a mi felicidad cotidiana.

Un cambio fuerte en mi vida fue que descubrí la dirección espiritual y empecé a trabajar con un sacerdote. Ahora me reúno con él cada mes y le platico sobre los regalos que Dios me va haciendo. Le cuento sobre los deseos que se van despertando en mi interior, lo que voy aprendiendo sobre mí, y lo que Dios me concede ir mejorando.

Las cosas se van dando de manera muy natural. Yo pongo de mi parte, por medio de oraciones, de lecturas espirituales, o de alguna otra idea para trabajar las cosas que quiero mejorar.

Lo demás es puro descubrimiento, regalo y sorpresas por parte de Dios. Me regala descubrirme como soy, con mis fortalezas y dones, mis errores e incapacidades, y ver el conjunto como algo maravilloso. Me ilumina para ser consciente de lo que no está bien como primer paso para mejorar en ello. Me concede desear amar cada vez más y pedírselo continuamente en oración. Me permite ser un poco más servicial. Me regala cada día estar contenta y agradecer tanto lo bueno como lo malo. Sobre todo, me ayuda a amarme aún en mi debilidad, y empezar con ese proceso de confianza y abandono en Él que yo tanto deseo.

Podría decirse que los avances han sido enormes y al mismo tiempo insignificantes. Me maravillo de todo lo que he cambiado y avanzado. De lo fácil que ha sido. Veo que todo es gracia y regalo de Dios. Pero, al mismo tiempo, cada vez me hago más consciente de todo lo que me falta, y de lo poco que me voy moviendo con respecto al lugar al que quiero llegar.

Aun así, siento que ahora todo se mueve muy rápido: sorpresa tras sorpresa, gracia sobre gracia. Y estoy feliz.

Creo que hay más, mucho más. Tanto que ni siquiera lo imagino. Y avanzo disfrutando el ritmo de cada día. Ya sin querer correr. Lanzándome cada vez con menos miedo, incluso a las cosas que no entiendo. Voy, simplemente, disfrutando de las maravillas del día a día, al ritmo que Dios quiere y permite, sin desesperarme y con agradecimiento.

Ahora sé que cuando pongo de mi parte y dejo que Dios haga lo suyo, las cosas se mueven en la dirección adecuada. Cuido mi dirección espiritual. Hago oración. Dedico unos cuantos minutos diarios a la lectura espiritual. Busco la manera de mejorar. Y luego, solo me dispongo a aceptar y disfrutar los resultados, o la falta de ellos.

Por ejemplo, he visto que los libros de temas espirituales me ayudan a conocerme, a ver mi pequeñez, a despertar en mí el deseo de mejorar y a implementar cosas para lograrlo. Me ilusiono al pensar en las gracias que me gustaría recibir. Me lleva a entrar en oración y pedirle ayuda a Dios. Me ayuda con mis debilidades y con el regalo de más gracia por parte de Dios.

También quiero cuidar el balance que hago todos los días. Un breve análisis-oración del día que he dividido en seis partes:

gracias por…, perdón por…, te pido por…, te ofrezco…, te agradé en… y te quiero contar...

He ido haciendo modificaciones a mi balance según he sentido que lo necesito. Veo que cuando soy agradecida, eso me ayuda a centrarme en lo bueno y a disfrutarlo más. Cuando pido perdón, me ayuda a ver mi debilidad y a aceptarme y amarme así, con errores y debilidades. Eso me ayuda a aceptar y amar también a los demás como son. Luego, con las peticiones, pongo en manos de Dios lo que necesito, pidiéndole fuerza, sabiduría u otras gracias y necesidades temporales que me preocupan. Busco también algo que ofrecerle. Es mi forma de responder a su amor, amándolo yo también.

En la penúltima parte de mi balance, busco reconocer también lo que sí hice bien. Esto me ayuda a ver lo bueno que hay en mí, a entender por qué Dios me escogió y por qué está enamorado de mí. Me permite descubrir en qué lo hago feliz. Me ayuda a amarme y aceptarme como soy: completa, con virtudes y defectos, en lugar de enfocarme en mis carencias. Ha sido un gran aprendizaje para mí porque ante me centraba siempre en lo que faltaba. Creo que esto me ha ayudado a ser menos exigente conmigo y con los demás. Y creo que también ayuda a que yo sea más libre y deje también en mayor libertad a los demás. Me concede equivocarme, aprender y disfrutar el aprendizaje, para gozar también el simple hecho de recorrer el camino, aun cuando los resultados todavía no se vean.

Este tema del balance ha sido tan importante que lo han trabajado, también, varios de mis *coachees*. Sobre todo, el tema del agradecimiento para ayudarles a ver que hay muchas más cosas positivas que negativas en sus vidas. El hecho de ser agradecidos con Dios, o si no creen en Dios, con la vida, nos permite centrar nuestra atención en lo positivo. He visto cómo cambia el lenguaje corporal y la actitud de las personas tan solo por incorporar este hábito a sus vidas.

Finalmente, termino con una sección donde platico con Dios sobre mis experiencias, preocupaciones, dolores, alegrías, etc. Aquí busco desarrollar una relación íntima con él. Tratarlo como a un amigo con el que quiero compartir la vida diaria. Entre esta última parte de mi balance diario y los 5 minutos de oración en que reflexiono sobre evangelio de cada día, voy fortaleciendo mi amistad e intimidad con Él.

Doy gracias a Dios cada vez que descubro mis debilidades porque eso me ayuda a amar también a los demás con las suyas. Me identifico más con ellos y me es más fácil aceptarlos y amarlos así, como son, y sin juzgarlos. Obviamente, muchas veces siento que voy lento y que sigo muy lejos de la meta. Sigo juzgando, sigo siendo soberbia, y sigo siendo incapaz de amar con la pureza de intención que me gustaría hacerlo. Quisiera amar solo deseando el bien del otro, sin desear ningún bien para mí, pero aún no logro amar de esa forma. Sin embargo, disfruto plenamente cada vez que amo sin esfuerzo, que soy amable, que perdono o que dejo pasar un enojo. Aunque muchas veces no lo logro, cada vez más seguido me doy cuenta de que hice algo sin que fuera tan difícil como pensaba, o de plano, sin ningún esfuerzo.

Un día en que todo me salió mal, sin querer me di cuenta de que había cambiado. Se me hizo tarde para una cita. Cuando iba de camino a mi cita, me multaron por ir a 94km/h en lugar de los 80 que están permitidos en esa carretera. Supongo que iba tan distraída y con tanta prisa que no me fijé en la velocidad, porque es usual en mí poner atención al velocímetro.

Le hablé a la persona que iba a ver para avisarle que me habían multado y quedé de llamarle en cuanto me desocupara

para saber si todavía podía llegar. Después, le llamé, y como no me contestó, decidí llegar. Llegué como 30 minutos tarde, y ella me recibió con molestia y sequedad. Al cabo de varios minutos de platicar, y de un "¿y tú cómo me puedes ayudar?", los temas se volvieron cada vez más íntimos. Terminó por contarme cosas profundas y me dijo que, en cierto momento, había sentido cómo se le relajaban los hombros. Me dio las gracias por todo lo que la había ayudado. Al final, no hubo ni media oportunidad de hacer negocios.

El evento me requirió como cuatro o cinco horas entre el transporte, el tiempo para ponerme la multa, la cita, el trámite de pago de la multa y la recuperación de mi placa. Perdí tiempo y dinero. Pero cuando llegué a mi casa, me di cuenta de que estaba contenta. Me cuestionaba qué me pasaba. ¿Por qué no estaba enojada y frustrada? ¿Por qué me sentía alegre si nada había salido como yo esperaba? ¿Qué me pasaba? Y veía que normalmente yo no era así. Me sentía contenta y agradecida con Dios por ese regalo.

Algo muy parecido fue lo que viví poco tiempo después. Tenía un evento en un hotel y las cosas no salieron bien. Los del hotel no prepararon comida para nosotros. No hubo buena comunicación entre las áreas de ventas, banquetes y el restaurante. Estaban ahí ya muchos de los participantes de mi curso y no había comida. Rápidamente, nos ofrecieron una solución, pero aun con la eficiencia con que respondieron, tuvimos que esperar entre 20 y 30 minutos. Hablé con las personas del hotel pidiéndoles una solución. Les dije que estaba molesta y que ese no era el servicio que esperábamos ni que habíamos contratado.

La verdad es que no entendía qué pasaba conmigo. Me sentía preocupada por la situación. Me apenaba dar ese servicio a mis participantes. Pero en el fondo, en las tripas, no sentía gran enojo. No sentía el estómago apretado ni la cara caliente, ni sentía ninguna necesidad de levantar la voz o fruncir el ceño.

En cuanto me solucionaron el problema, hice los cambios necesarios a la sesión, pedí disculpas a mis participantes, y seguí como si nada. Me adapté y olvidé el problema y el enojo.

Otra vez me había sorprendido mi reacción. En la noche que hice mi oración, no dejaba de maravillarme y agradecerlo. ¿Qué me había pasado? ¿Por qué no me había enojado? ¿Por qué había olvidado las cosas con tanta facilidad? No lo sabía, pero era maravilloso. Solo quedaba disfrutarlo y agradecerlo.

Hoy veo que todo empezó con el descanso físico. Cuando superé mi agotamiento físico, dejé de defender cada minuto de mi tiempo y espacio. Eso me relajó y me permitió entrar, poco a poco, en el descanso en Dios. Pasé de un estado en que tenía que estar alerta y cuidándome todo el tiempo, a un estado de confianza y relajación donde no tenía que preocuparme por cada cosa que sucedía a mi alrededor. Cuando dejé de estar presionada por tantas cosas, comencé a adaptarme a las cosas y a aceptarlas como vinieran, y con mayor facilidad. Cuando pude vivir más descansada, empecé a darme cuenta de que no me convenía alimentar los enojos y centrarme en lo negativo.

He tenido muchas sorpresas en diferentes ámbitos. Me gustaría compartir algunas. Las que más me han sorprendido y que he valorado más.

Veo como antes me entristecía y me enojaba cuando fallaba y me decepcionaba a mí misma. Ahora recibo esas experiencias con alegría y doy gracias a Dios por permitirme descubrir mi pequeñez. Siento que Dios me da cachetadas con guante blanco y que es una forma muy linda de amarme, sin dar la espalda a mis defectos. Más de una vez, me he salvado de las consecuencias que merecía y me siento aún más agradecida. He visto cómo Dios me ha preservado de accidentes en ocasiones en que yo me he distraído al manejar, o cómo me he librado de problemas más grandes cuando otras personas no han reaccionado con agresividad ante un enojo mío. En esos casos, agradezco a Dios por no tener la consecuencia, pero más, por ayudarme a descubrir la raíz del problema en mi interior y por permitirme aprender para cambiar mi forma de actuar.

Cada vez me es más fácil lavar los trastes, aunque no me toque. O esperar a mi mamá con paciencia, aunque se nos haga tarde. Me he llegado a preguntar cómo me gustaría que me trataran en esa situación, y he tenido la fuerza para corregir mi actitud en el momento en lugar de recriminarme después por no haberlo hecho. ¿De dónde viene esa fuerza? Pues de que ahora tengo más energía y menos presiones porque vivo más descansada, física y emocionalmente.

Además de los pequeños actos de amor del día a día, he tenido dos separaciones fuertes con amigos muy queridos. Tengo una amiga que me dejó de hablar por unos días, y cuya separación fue muy dolorosa para mí. Si yo analizaba la situación y su comportamiento, tenía muchísimas buenas razones para estar enojada. Pero lo que pensaba era: "si yo me siento mal, ¿cómo se sentirá ella? No sé ni por qué se enojó, pero ella, además de la separación, está viviendo el enojo."

Y con estas reflexiones, me surgían deseos de pedirle a Dios por ella. Para que la sanara.

En cuanto a mí, veía que tenía razón para enojarme. Pero cuando le daba vueltas al asunto, y empezaba a reforzar el enojo, de pronto pensaba: ¿y de qué me sirve enojarme? ¿Quiero perder esta amistad? ¿Qué pasa si la perdono y ya? ¿Qué pasa si mejor me muestro cercana y tengo paciencia para que platiquemos cuando ella esté lista?

Fue una gran lección. Fue un tiempo difícil para mí, pero al mismo tiempo, fácil. Fácil con respecto a lo doloroso y difícil que hubiera sido si hubiera decidido alimentar el enojo y la indignación. O fácil con respecto al dolor que hubiera sufrido si hubiera perdido la amistad. Definitivamente, comparado con eso, fue fácil perdonar y dejar todo atrás.

Y fue fácil apoyarme de esa experiencia cuando, meses después, tuve otro problema con un amigo cercano. En promedio, hablaba con mi amigo, o nos veíamos, entre seis y diez veces al año.

Un día, de repente, dejó de contestar. Yo sabía que estaba deprimido porque había perdido su trabajo de muchos años. Él me había dicho que estaba mal. Habíamos quedado de vernos un lunes, pero no habíamos quedado hora ni lugar.

Le mandé un mensaje para acordar el lugar y la hora, pero nunca contestó. En los meses que siguieron, de pronto volvía a escribirle o a marcarle. Sin respuesta. Tenía miedo de que se hubiera suicidado, o de que le hubiera pasado algo. Nunca me había dejado de contestar. No tenía forma de saber si seguía vivo ni de localizarlo. Quise contactar a sus hijas por redes sociales, pero no tenía suficiente información sobre ellas como para buscarlas y estar segura de que había encontrado a la persona correcta.

Pasaron los meses, y de la nada, en Navidad, recibí un mensaje de su parte. Así supe que estaba vivo. Yo estaba muy enojada. ¿Por qué me había hecho sufrir así con su silencio? Iba a escribirle de vuelta, reclamándole. Pero por alguna razón, esperé a estar más tranquila y contesté con mucha menos agresividad de la que había pensado al principio. Otra vez, silencio total. Y el 14 de febrero, de nuevo un mensaje. Y luego, nada.

Un día, por fin me contestó y hablamos. Me pidió perdón y me dijo que estaba apenado de haber hecho lo que hizo. Me dijo que tenía miedo de que eso le hiciera perder mi amistad. Pensé en la otra experiencia con mi amiga y decidí: ¿para qué le reclamo? ¿Para qué alimento mi enojo? ¿Quiero perder esta amistad? ¿Qué es lo que él necesita de mí ahora? ¿No necesita que lo ame y lo perdone? Y así, como si nada hubiera pasado, me centré en reconstruir la amistad.

Así que veo que ahora me es más fácil amar, perdonar y dejar de juzgar. Ahora es más fácil ser amable, estar alegre y no enojarme. Puedo donarme y dejar mis cosas para hacer algo por los demás. Estoy más sensible a disfrutar cuando hago algo por el bienestar de otros. Ahora disfruto al verlos felices con las pequeñas cosas que yo puedo hacer por ellos.

Como lo mencioné antes, mi soberbia también ha disminuido un poco. A veces me sorprendo queriendo saber más sobre las experiencias y formas de pensar del otro. Hay veces que me descubro haciendo preguntas porque genuinamente creo que los demás tienen experiencias y razonamientos valiosos que me aportarían mucho. Me intereso con más profundidad por los demás y expongo mis puntos de vista con mayor suavidad. Mostrando que es solo mi opinión, pero que no es infalible. Reflejando un cierto porcentaje de duda en lugar de seguridad absoluta.

Incluso ahora me doy cuenta de que no siempre he influenciado a mis amigos en forma positiva. Veo que su forma de comportarse tenía también mucho valor en algunas circunstancias y que mi forma de actuar a veces era peor. Eso me ha ayudado a ser un poco más humilde. Mi intención era muy buena, pero ahora dudo de haber actuado bien. Llego a la conclusión de que lo ideal es tan simple como compartir mi forma de pensar y entender la suya, sin querer influir en sus decisiones.

Todo este camino ha sido como si de pronto descubriera todo lo que ya sabía. Que hay que ser humilde y centrarse en lo bueno. Lo que pasa es que lo sabía solo en teoría. Pero ahora que lo estoy experimentando por primera vez, se vuelve mucho más claro. Mucho más obvio, real y valioso.

Yo era la típica persona capaz de ver un solo problema e inconveniente entre una abrumadora cantidad de cosas buenas. Me centraba en el problema. Quería arreglarlo. Quería que todo fuera perfecto. Poco a poco, he ido aprendiendo a centrarme en lo bueno y, si puedo, a actuar para resolver las cosas. Y si no puedo, estoy aprendiendo a dejarlo ir. Pero, en cualquier caso, poniendo el foco en lo positivo.

Conclusiones

Cada día es un poco más fácil para mí ver las cosas buenas de los demás y no solo sus errores. Ver las buenas intenciones y no las malas formas. Ver lo que sí se avanzó en lugar de lo que se dejó de hacer. Me he vuelto un "poquito" más misericordiosa con los demás. Veo, sobre todo con mis clientes y amigos cercanos, que me embarga un sentimiento de cariño o amor hacia ellos cada vez que me cuentan sobre sus luchas y logros. Amo mi trabajo, los amo a ellos y amo mi vida. Tengo mucho camino todavía por recorrer. Estoy en los inicios, pero siento que se destaparon las principales barreras, y que todo seguirá mejorando poco a poco si yo cuido lo importante. ¿Qué más puedo pedir de la vida?

Y entonces, cuando veo gracia tras gracia. Cuando veo que cada vez soy más feliz. Que cada vez descubro más cosas que ya sabía. Que descubro cosas nuevas. Que me conozco mejor y acepto más fácil mis errores y debilidades. ¿Cómo no abandonarme y descansar en Dios? ¿Cómo tener miedo de lo que pueda venir en el futuro cuando he visto que cada vez ha venido más felicidad, a pesar de los momentos difíciles y dolorosos que me ha tocado vivir últimamente?

Para abandonarme con toda confianza, sé que yo también tengo que seguir poniendo lo que a mí me corresponde. De hecho, eso es todo lo que tengo que hacer y los resultados vendrán por añadidura.

Quiero cuidar mi dirección espiritual, ya que veo que es fácil que yo deje de hacer y de ver cosas importantes sin darme cuenta. Esto lo vi con claridad en una ocasión en que el padre me preguntó qué estaba leyendo y me di cuenta de que había descuidado la lectura. Las circunstancias de mi vida habían cambiado y, sin darme cuenta, dejé de leer. Y así como esto, veo que mi director espiritual velará por que yo no descuide nada importante, por lo que, si mantengo esto, acabaré atendiendo también todo lo demás.

También veo que es muy importante cuidar mi vida de oración, en especial mi balance y los cinco minutos de oración contemplativa que hago después de leer el evangelio de cada día. En varias ocasiones lo he descuidado por uno o varios días consecutivos, y veo el gran riesgo que esto conlleva, ya que es aquí donde Dios me permite ir descubriendo y consolidando las luces que él me da. Veo que, sin esto, no iría reforzando mi deseo de trabajar en mis defectos y de irle pidiendo las gracias que necesito. En especial, el tema del balance, decidí cultivarlo como un hábito, de esas cosas que uno hace, sí o sí, todos los días de su vida.

Considero que la vida espiritual y la relación con Dios es completamente individual. Quise compartirte mis experiencias y descubrimientos por si pudieran servirte. Sin embargo, en este caso, prefiero no compartir un diagnóstico, sino invitarte a que tú hagas el tuyo. ¿Qué es lo que tú has descubierto que quieres cuidar con respecto a tu propio "descanso en Dios"?

Capítulo 8

El descanso en la empresa, la llave de la productividad

Mi gerente me llamó y me dijo: "Antes de que te vayas, quería darte las gracias. Me ayudaste a reflexionar y a hacer cambios importantes en mi vida. Entendí que el trabajo nunca se va a acabar. Ahora llevo una lista con todas mis actividades, voy priorizando a lo largo del día, y a las 8 p. m. me voy sin importar qué se queda pendiente. Confío en que lo solucionaré al día siguiente. Hoy paso más tiempo con mi esposa y con mis hijos. Ya no me estreso tanto por el trabajo y tengo una vida mejor. Y todo eso lo aprendí de ti."

Esto me lo dijo cuando decidí renunciar. Le conté que estaba cansada de luchar contracorriente. Que veía que la tendencia siempre sería a querer que las personas ahí trabajaran hasta las diez u once de la noche y que eso no iba de acuerdo con mis valores y, en teoría, tampoco con los de la empresa.

Estudié Ingeniería en Sistemas Electrónicos y desarrollé la primera parte de mi carrera profesional como programadora y administradora de proyectos. Estaba en una buena empresa, trasnacional, con buen ambiente de trabajo y buenas prestaciones. Era mi segundo trabajo, el primero que tenía después de graduarme de la universidad.

Había logrado salirme de la ciudad de México para vivir en Puebla, y eso me ayudaba a tener buena calidad de vida porque no requería pasar mucho tiempo en el tráfico. Eran tiempos difíciles, en plena crisis del sector de las telecomunicaciones y del internet, en el año 2000. En nuestra industria cada vez quebraban más empresas y la gente se quedaba sin trabajo. Y en ese escenario, decidí renunciar, sin haber conseguido trabajo primero. Justo en un momento donde me iba a ser muy complicado conseguir empleo porque las empresas de la industria, incluida la empresa de la que salí por voluntad propia, estaban corriendo gente.

¿Por qué me iba? Principalmente por las largas jornadas de trabajo. Estuvimos más de nueve meses en un proyecto donde nos pedían las cosas en una tercera parte o en la mitad del tiempo que se requería para hacer el trabajo. Cada vez nos atrasábamos más. Nuestro cliente y nuestro jefe no estaban contentos. Pero nos daban tiempos irreales para hacer el trabajo y no podíamos decir que no. Hacíamos las cosas lo mejor que podíamos. Todos en mi equipo salían de trabajar todos los días entre las diez y once de la noche. También era común trabajar los fines de semana. Incluso llegué a salir de la oficina en domingo a la 1 a. m. (o para decirlo más correctamente, lunes por la madrugada).

Yo empecé también a trabajar en esos horarios, pero me rebelé. Decidí cuidar los otros aspectos de mi vida. Mis amigos, mi grupo de la iglesia, el ejercicio, el torneo de voleibol, tiempo para leer, etc. Nuestro horario teórico laboral era de ocho a cinco, con una hora de comida. Yo siempre llegaba a las 8 a. m. y me ponía a trabajar. Los miércoles me iba temprano, supongo que antes de las 6:30 p. m., para llegar a jugar futbol. Los demás días me iba entre 6 y 8 p. m.

Pero para irme a esa hora me tenía que escapar. Bloqueaba mi computadora y cerraba mis cajones con llave como media hora antes de irme, para que nadie sospechara que ya me iba. Después, hacía como que iba al baño. Solo que, saliendo del baño, en lugar de regresar a trabajar, me salía de la empresa. Me sentía mal de tenerlo que hacer así, pero no le veía otra alternativa. A veces, nos llegaba una invitación a las 4 p. m. para que asistiéramos a una junta programada para las 7 p. m. Yo no iba. Al otro día, cuando me regañaban por no ir, simplemente les decía que no me había enterado, o me quejaba con mis líderes de proyecto por programar juntas a esa hora.

Llegué a tener problemas serios con dos de mis líderes de proyecto. Uno de ellos me regañó por irme de vacaciones para Navidad, dejando el trabajo inconcluso. Toda la semana estuve saliendo tarde, según mis estándares, para avanzar lo más posible. Me iba a las 8 o 9 p. m. Todos los días le avisaba qué avance tenía y le comentaba que no iba a lograr terminar a tiempo. Cuando le dije que ya me iba de vacaciones, el viernes a las cinco, mí líder de proyecto me echó en cara lo irresponsable y poco comprometida que era. Le contesté que por eso había estado trabajando 12 horas diarias toda la semana, lo había estado previniendo diario diciéndole cómo iba, y que eso no era ser irresponsable ni podía considerarse como una sorpresa para él. Y me fui.

En otra ocasión, para un proyecto nuevo, cuando le dijeron al líder que yo iba a estar en su equipo, pidió que me cambiaran. Se quejó de que yo no trabajaba los sábados y domingos. No tuvo de otra más que aceptarme en su equipo porque mi jefe le dijo que esa no era una buena razón. Le dijo que yo estaba bien y que nadie debería trabajar en fin de semana. Todo esto me lo contó, varios años después, el que en ese entonces era mi jefe, ya que seguimos siendo muy buenos amigos.

También tuve un problema generalizado con mi equipo. Como salían de trabajar hasta las diez u once de la noche, vivían cansados. Empezaron a llegar cada vez más tarde. Era común que llegaran hasta las diez de la mañana. Y a esa hora, decidían pedir algo de desayunar e irse a la cocina. En realidad, algunos empezaban a trabajar alrededor de las 11 a. m. Yo que había llegado desde las ocho, algunos días me había encontrado completamente incapacitada para avanzar. No podía hacer pruebas con mi código hasta que ellos arreglaran el código que habían subido en la noche. Me quejé con mi jefe. Le dije que el horario de trabajo empezaba a las ocho y no a las once. No sé qué les habrá dicho, pero volvieron a llegar temprano.

Por supuesto, todo esto lo fui haciendo a costa de sentirme incómoda con mis compañeros. Sabía que era mal vista por irme temprano y por negarme a trabajar en fin de semana. Yo tenía la consciencia tranquila de que estaba haciendo un buen trabajo, pero también sentía que no podía hacer la misma cantidad de trabajo en nueve o diez horas que los demás en doce horas.

No comprendí mi error sino hasta que llegó la evaluación y los aumentos de sueldo. Era una evaluación donde muchas personas participaban: tu jefe, tres de tus compañeros y tú mismo. Fue una gran sorpresa para mí darme cuenta de que, a pesar de que mis compañeros se quejaban porque me iba temprano, quedé evaluada por arriba del promedio. Al parecer, los demás se daban cuenta de que mi trabajo era bueno y confiable. Notaban que avanzaba bien y que aportaba cosas buenas al equipo. Pensé que iba a salir con las peores evaluaciones y sin aumento de sueldo, pero no fue así. Fue un gran aprendizaje.

Lo más sorprendente fue que, cuando renuncié, varias personas quisieron hablar conmigo para entender mis razones. Me dijeron que admiraban que tuviera el valor para renunciar. Varios me dijeron que también querían irse y que no estaban contentos con la carga de trabajo. Dos gerentes hablaron conmigo. Les dije que estaba cansada de ir contracorriente sin lograr nada. Al menos tres personas me comentaron que habían aprendido mucho de mí o me explicaron cómo habían cambiado las cosas, tanto en la empresa como en su vida privada, gracias a mis sugerencias.

Esta experiencia me ha acompañado siempre a lo largo de mi vida. Quise cambiar de industria porque mientras me dedicara al desarrollo de software, estaba condenada a tener largas jornadas de trabajo. En todos los trabajos que tuve viví situaciones donde yo iba saliendo del trabajo a las seis o siete de la mañana, después de pasar la noche entera sin dormir, solo para bañarme y regresar de nuevo a trabajar. Me molestaba mucho tener que cancelar reuniones sociales, o dejar de hacer otras actividades y compromisos, porque tenía que seguir trabajando. Y la presión social también era algo difícil de manejar para mí. Sabía que mis compañeros no me veían con buenos ojos porque me negaba a trabajar tanto como ellos.

Así empezó mi peregrinar. Fui buscando la forma de moverme y de encontrar un trabajo donde pudiera tener mayor calidad de vida. Y después de algunas pruebas, y de estudiar un MBA (Maestría en Administración de Empresas, siglas por *Master of Business Administration*), decidí trabajar de manera independiente como *coach* y consultora. También decidí dar clases y coordinar un grupo en un instituto de capacitación de mandos intermedios en el que nos dedicamos a ayudar a las personas a desarrollar sus habilidades directivas.

He tenido la oportunidad de trabajar en muchos proyectos y de visitar empresas de diversos tamaños y giros. No deja de sorprenderme todo lo que uno puede aprender sobre la cultura de la empresa tan solo con observar algunas cosas. Es muy evidente para mí cuando un ambiente de trabajo es agradable, o cuando está lleno de estrés. Hay muchas cosas que influyen, desde el espacio físico hasta las políticas de la empresa y la carga de trabajo. Pero donde es más notorio es en la forma en que se relacionan las personas de la empresa. Si cumplen o no con sus compromisos, y si respetan a los demás y llegan a tiempo a sus juntas. Veo cómo se relacionan y se hablan entre ellos y qué tan colaborativos son. Observo cuáles son los horarios reales de trabajo y cuánto tiempo pierden en las pláticas de pasillo.

En México somos uno de los países en que más se trabaja, aunque lo hacemos con muy poca productividad. Las jornadas de trabajo generalmente son mucho más largas de lo que marca el horario teórico. Se dice, a modo de broma, que las personas trabajan solo medio día: de ocho a ocho. ¿Y qué decir de las grandes ciudades? Además de las doce horas de trabajo, o más bien, en el trabajo, la gente invierte entre dos y cuatro horas diarias en el tráfico. Hay mucha competencia y siempre hay gente bien preparada buscando empleo. Es relativamente difícil conseguir entrevistas de trabajo para oportunidades bien pagadas.

La gente cuida mucho su empleo. Como sociedad, tenemos una cultura donde no sabemos decir que no. Está mal visto. Así que vamos agregando un compromiso y una responsabilidad tras otra. Cada vez se difumina más la división entre el tiempo de trabajo y el de la vida personal. Las personas se llevan sus laptops y celulares a casa y están trabajando ahí durante las noches y fines de semana. Hay industrias y profesiones, como la del desarrollo de software, la consultoría o las áreas de finanzas, donde esto es especialmente grave, pero es un problema general de la cultura de nuestro país.

Cuando las personas consiguen un nuevo trabajo o promoción, la necesidad de demostrar que pueden hacer bien el nuevo trabajo agrava el problema. Tienen que capacitarse, aprender y hacer bien su trabajo, todo al mismo tiempo y desde el primer momento. La presión y el estrés son brutales.

Para los empresarios las cosas pueden ser incluso peores. He conocido muchos empresarios que pasan más de cinco o diez años sin tomar vacaciones porque la empresa depende de ellos. Saben que, si ellos se fueran, los resultados no se darían. Están convencidos de que la empresa simplemente no podría subsistir. Ellos son el cuello de botella de sus empresas. No tienen gente del todo capaz, o bien comprometida y capacitada, para que las cosas avancen sin la necesidad de la presión y decisiones del dueño.

Los *freelancers* y emprendedores también se las ven negras. Necesitan trabajar largas horas para poder sobrevivir con sus ahorros iniciales, luchando por alcanzar el punto de equilibrio lo más pronto posible. Además, como muchas veces les apasiona su trabajo, terminan por trabajar sesenta u ochenta horas por semana, y por descuidar todo lo demás.

Por otro lado, las mujeres también tenemos retos muy especiales. Además de las presiones laborales, muchas mujeres tienen que lidiar todos los días con las responsabilidades del hogar. Se las arreglan para organizarse de tal manera que logren ser buenas profesionistas, buenas esposas, y buenas madres. Viven con una fuerte carga emocional derivada de su deseo de tener un matrimonio exitoso y de hacer un buen trabajo en la formación de los hijos. Esto lleva a muchas mujeres a comenzar sus tareas del hogar en las noches, después de una jornada pesada y estresante de trabajo. Así que muchas veces dejan su propio descanso como última prioridad.

Todo esto: la competencia por los puestos de trabajo, las largas jornadas, nuestra incapacidad para decir que no porque culturalmente está mal visto, el tráfico, la percepción de que el éxito se mide en relación con el dinero que ganamos y, en general, la cultura de exigencia y competitividad que hay en las empresas, nos lleva a que sea muy común que vivamos con *burnout*. Y como es tan común, y en algunas empresas es la norma que todo mundo vive, es muy complicado reconocer sus síntomas y tomar acción para corregirlos.

También yo lo he vivido. Aunque he defendido mis tiempos y calidad de vida más que otras personas, he visto cómo las presiones laborales me han arrastrado, una y otra vez, a descuidar mi descanso. Tenía un amigo que solía invitarme a cenar como a las ocho o nueve de la noche. Siempre era lo mismo: "sigues en el trabajo, ¿verdad?". Me regañaba y yo accedía a salir rápido para ir a cenar con él.

En el fondo, me dolía mucho saber que no me estaba cuidando, respetando y amando a mí misma como debería. Pero aun así, no hacía mucho por cambiar la situación. Recuerdo que la presión de parte de los compañeros era fuerte: si alguien se despedía antes de las ocho de la noche, le preguntaban por qué se iba a tomar el día libre, incluso cuando ya llevara once horas en el trabajo. Durante más de un año que trabajé en esa empresa, todos los días, sin importar que fueran vacaciones o fines de semana, soñaba con mi jefe. Definitivamente, no descansaba bien. Además, la gastritis que casi todos padecíamos, era otro síntoma claro de que la situación no era adecuada.

Por fortuna, también he visto y experimentado los beneficios, a nivel profesional y productivo, de llevar una vida relativamente integral, y de cuidar al menos mi descanso emocional. Fue muy evidente en aquella situación que expliqué al principio del capítulo, cuando decidí trabajar menos que mis compañeros y aun así tuve una evaluación superior al promedio.

Mientras que yo llegaba temprano y era productiva, mis compañeros llegaban tarde, y continuamente perdían el tiempo. Era su forma de defenderse del estrés que les generaba la situación que vivíamos. Yo también me defendía de ese estrés, pero lo hacía de otra manera. Salía con mis amigos, hacía deporte y atendía otros gustos personales como la lectura.

La gran diferencia era que, mientras ellos se defendían del estrés perdiendo el tiempo en la oficina y convencidos de que estaban trabajando, yo me desconectaba por completo del trabajo. Ellos vivían para la empresa, pero terminaban siendo poco productivos. Tardaban mucho tiempo en desayunar, en ir por un café o en cualquier plática de pasillo. Podían dedicar hasta una hora hablando de temas que no tenían nada que ver con el trabajo. Estaban frustrados de no tener vida personal. Estaban estresados y se sentían cansados porque dormían poco. Tenían la sensación de que no hacían nada más que trabajar.

Finalmente, yo me concentraba con mayor facilidad y era más productiva. Tenía más claridad sobre lo que tenía que hacer en el día y era más asertiva al elegir cuánto tiempo dedicaba a las pláticas de pasillo u otras distracciones. En general, estaba más descansada, más despejada y tenía más energía para hacer cosas. Eso hacía que las tareas que requerían esfuerzo, aprendizaje y creatividad, fueran más sencillas para mí que para mis compañeros. Las personas que están cansadas tienden a huir de lo difícil, muchas veces, de manera inconsciente.

Pero, como dije antes, mi forma normal de vivir incluía un cansancio crónico que sumaba el estrés laboral y mi falta de sueño por todas las actividades que tenía. Tan solo puedo imaginar lo productiva que hubiera sido de no haber estado en esa situación. Recuerdo con claridad cómo les huía a las actividades que no me gustaban, y las dejaba hasta el último momento. Me gustaba programar, pero no me gustaba la documentación del proceso. Tardaba mucho tiempo en decidirme a hacer las tareas administrativas, y las hacía únicamente cuando ya iba a llegar la fecha límite. Esas preocupaciones no atendidas me generaban estrés, y el esfuerzo constante para huir me restaba energía. En definitiva, ahora veo que ahí había un síntoma de *burnout*, solo que, en el momento, ni siquiera sabía de su existencia, y no lo pude reconocer ni atender.

Lamentablemente, la situación en muchas empresas es tan crítica que el impacto en la salud de sus colaboradores es bastante grave. Hace algunos años, tuve un participante en uno de mis programas que tenía muchas presiones laborales. La persona que le ayudaba renunció y la empresa tardó mucho en contratar a alguien más. Como el trabajo se le incrementó fuertemente, él empezó a trabajar más. Descuidó su descanso y su alimentación y esto lo llevó a desarrollar una anemia grave con la que terminó internado en el hospital. Al salir del hospital, siguió con el mismo ritmo de trabajo y, en menos de dos meses, falleció por una neumonía. Creo recordar que tenía solo 32 años.

Como te podrás imaginar, quedé impactada al saber de su muerte. Pero lo que también me impactó muchísimo fue que la empresa no cambió en absoluto. Siguió presionando a sus colaboradores igual que antes. Tenía yo a otras dos personas de la misma empresa, jóvenes también, con problemas graves de salud. Ninguna de ellas hizo tampoco ningún cambio en su forma de trabajar, seguían trabajando todos los días hasta las once o doce de la noche y aplazando las visitas al doctor, el ejercicio, la dieta y el descanso. Creo que esto me impactó todavía más, que ni siquiera con un evento tan fuerte, ni la empresa, ni sus compañeros de trabajo reaccionaran e hicieran cambios en su vida.

Con los años, he visto más casos de este tipo. Lo he visto sobre todo en gente joven y exitosa que crea una empresa con fuertes crecimientos, o que va escalando puestos de trabajo. Son personas muy competitivas, determinadas y trabajadoras. Tanto ellos como muchas personas a su alrededor, los consideran personas muy exitosas, e incluso, un modelo a seguir. Pero inadvertidamente, van acumulando presiones y cansancio, dejan de hacer lo que les gusta y relaja, y algunos se van quedando solos porque descuidan sus relaciones hasta que terminan en el hospital con alguna enfermedad grave. Algunos reaccionan y otros no. Por eso me parece tan importante escribir al respecto, compartiendo lo que yo tampoco veía de mi propia experiencia, por si puedo ayudar a evitar que alguno de mis lectores llegue a estos extremos.

Por el contrario, conozco unas pocas empresas donde la cultura empresarial fomenta el cuidado integral de la persona. Veo muchos beneficios en la empresa cuando las personas que trabajan ahí están bien descansadas: facilidad para concentrarse, fuerzas para decidirse a hacer cosas difíciles, creatividad, claridad de pensamientos, productividad, etc. Creo que las personas con puestos de autoridad deberían enfatizar el descanso de todos los que trabajan con ellos. La razón principal debería ser el bienestar y felicidad de sus colaboradores, pero tampoco hay que dejar de ver los beneficios que esto trae a la empresa.

He visto con claridad cómo el descanso tiene un efecto profundo en nuestro estado de ánimo y amabilidad. Ayuda a que el trabajo en equipo se realice de manera natural. Facilita el ambiente colaborativo y la buena comunicación entre las personas. Reduce los motivos de enojo y suaviza las formas en que se expresan las diferencias. Todo esto, de manera natural y sin esfuerzos. Además, como también impulsa la creatividad y fomenta una actitud positiva, puede ser determinante para que un equipo de trabajo normal, o incluso mediocre, se vuelva sobresaliente.

Por si fuera poco, cuando uno trabaja en un lugar con un buen ambiente de trabajo, y lleva un estilo de vida descansado, es mucho más fácil disfrutar las pequeñas tareas cotidianas. Empezar a trabajar con pasión en lugar de hacerlo por obligación. Decidirse a hacer las cosas poniendo el 100% de las propias capacidades en lugar de hacerlas, solo por cumplir, como se pueda.

Ahora me sorprende cómo, de repente, me descubro pensando cuánto me gusta mi trabajo. O cómo, en la noche que reviso mi día, me doy cuenta de lo agradecida que me siento por haber vivido un día lindo. Me produce mucha satisfacción cuando soy testigo de una transformación en las empresas o en las vidas personales de mis clientes. Además, me encanta terminar el día después de dar un buen curso o de ayudar a mis *coachees* en sus sesiones, y sentir que fue productivo.

Sinceramente, considero que el descanso nos ayuda mucho a encontrar la pasión por nuestro trabajo. A ver que, dentro de cada tarea, hay cosas que disfrutamos. No es que dejemos de ver las otras partes que no nos parecen tan atractivas, pero es bueno poner el foco en lo que nos gusta. Nos permite hacer que nuestros trabajos y nuestras vidas se vuelvan apasionantes.

Veo que antes me estresaba más cuando necesitaba hacer cosas nuevas que todavía no dominaba. Entendí que, a pesar del miedo y la inseguridad, las cosas nuevas también me dan emoción por los avances y aprendizajes que representan. Cuando decidí centrarme en la visión de mis objetivos cumplidos, descubrí que no era tan difícil salir de mi zona de confort.

¿Y qué decir de la salud y seguridad de las personas? Si tenemos cargas adecuadas de trabajo, y un nivel correcto de estrés, tendremos personal que cuide mejor su salud. Nuestros colaboradores podrán alimentarse mejor sin tener que dar escape al estrés con comida. Podrán hacer ejercicio y dedicarse a cosas importantes para ellos. Tendrán tiempo para cuidar su vida social y hacer las cosas que les gustan y llenan de energía. Tendrán menos vicios: comida, cigarro, alcohol, sexo, etc. Esto contribuirá a mantener unidas a las familias, a tener niños más felices y mejor educados y, en resumen, a construir una mejor sociedad.

He visto claramente cómo la cultura de las empresas facilita o dificulta los buenos hábitos alimenticios y de salud de su gente. Incluso, durante algunos proyectos de consultoría, he visto cómo yo misma voy perdiendo mis hábitos y me cuesta cada vez más trabajo hacer ejercicio, o empiezo a comer comida chatarra entre comidas. También recuerdo mucho a una compañera que fumaba para reducir el estrés. Yo solo la acompañaba y platicaba con ella. Ambas liberábamos algo de estrés quejándonos de lo que veíamos que estaba mal en la empresa, o con nuestros compañeros, mientras ella fumaba. Pero me quiero enfocar en la siguiente reflexión: ¿no sería mucho mejor si no tuviéramos que liberar ese estrés? ¿Si no hubiéramos perdido ese tiempo en ir a fumar y en lugar de eso hubiéramos aprovechado el tiempo para trabajar? ¿Si no nos hubiéramos llenado de humo los pulmones? ¿Si no hubiéramos tenido necesidad de hablar y sacar todo lo que estaba mal, enfocándonos en lo malo en lugar de hablar de lo bueno?

En cuanto a la seguridad, es tan simple como que, al cuidar el descanso, hay menos accidentes. Es escandaloso el número de personas que han estado a punto de chocar fuerte, o que han tenido accidentes automovilísticos, porque se quedaron dormidos mientras manejaban. O las personas que, como yo, buscan formas para mantenerse despiertos cuando manejan. Un amigo cercano tuvo un accidente donde se pasó un alto sin darse cuenta. Nunca vio la luz amarilla, ni la roja. Lo último que recuerda, antes de chocar, es que todo estaba bien y que el semáforo estaba en verde. Después de eso, solo vio una mancha y sintió el golpe del choque contra un coche que nunca vio venir.

Igual de grave me parece lo que me comenta uno de mis *coachees* que sabe que ha estado en riesgo varias veces de estrellarse en la carretera. Dice que es solo gracias a las funciones de seguridad que tiene su coche que sigue vivo. Lo malo es que continúa viviendo con ese nivel de cansancio a pesar de que ya ha tenido varias experiencias que le hacen ver el riesgo que está corriendo.

Los accidentes de la gente que maneja maquinaria, o los errores de trabajo, también se deben considerar. Una persona que descansa bien se concentra más fácil y comete menos errores. No está distraído y es más difícil que tenga un accidente. También se reduce bastante el retrabajo y los problemas con los clientes. ¿Cuánto del trabajo de la empresa se puede optimizar si se eliminan los bomberazos por errores y descuidos? ¿Cuántas insatisfacciones de los clientes nos podemos ahorrar? ¿No se incrementaría la satisfacción de los clientes, la recompra y la recomendación de boca en boca?

Por otro lado, veo que una cultura laboral sana, sin *burnout*, no sucede solo por casualidad. Esta se construye, por la convicción de sus líderes, gracias a muchas acciones que van generando un círculo virtuoso tanto para los trabajadores como para la organización. Y dentro de este círculo virtuoso está el desarrollo de las personas, en todos los aspectos de su vida. Esto es fruto del aprendizaje y crecimiento que se logra cuando los líderes aprenden a priorizar y delegar, y capacitan a su vez a sus subordinados para que hagan lo mismo.

He trabajado con muchísimos dueños de empresa o gerentes de área que se vuelven el factor limitante para el crecimiento de sus empresas. Les da miedo que, si delegan, los demás no harán las cosas tan bien como lo hacen ellos. Cuando trabajo con ellos para que desarrollen su capacidad para delegar, empezamos por aquellas cosas que, si se hacen mal, no ocasionarán grandes problemas. Empezamos también con las actividades sencillas, repetitivas, y que quitan tiempo. Primero tienen que capacitar a sus colaboradores e ir soltando la tarea poco a poco, empezando con mucha supervisión, y luego con menos.

Cuando las personas delegan, suceden cosas maravillosas. Se quitan mucha presión de encima. De pronto tienen tiempo para ellos y pueden descansar y cuidar diferentes aspectos importantes de su vida. Dejan de limitar el crecimiento y avance de los proyectos. Sus subordinados empiezan a resolver las cosas sin necesidad de consultarlos constantemente y ellos se sorprenden de las soluciones que implementan y de la autoestima que desarrollan. Los líderes dejan de enfocarse en aspectos operativos y empiezan a ser más estratégicos. Pueden concentrarse en la mejora continua. Sus trabajos se vuelven estimulantes porque empiezan a probar cosas nuevas y entran en un proceso de aprendizaje continuo. En vez de percibir que su trabajo es pesado, se vuelve emocionante implementar sus nuevas ideas.

Como ejemplo, una de las personas que trabajó conmigo para aprender a delegar y desconectarse del trabajo, me contaba, con mucha satisfacción, cómo había cambiado su vida familiar. Había logrado que sus colaboradores le dejaran de hablar a toda hora. Se podía desconectar del trabajo y enfocarse a estar con su familia sin estarse distrayendo continuamente con llamadas y problemas laborales. Su esposo y sus hijos estaban felices, y ella también. Su vida había cambiado. Y la vida de sus colaboradores también. Se habían vuelto más seguros para resolver las cosas. Eran más previsores y solucionaban sus problemas. Se volvieron más independientes, confiables y proactivos. Estaban más contentos y motivados, además de agradecidos por la oportunidad de tener más responsabilidades.

Cuando los líderes aprenden a delegar, la consecuencia natural es que sus colaboradores se desarrollen. Lo más fácil para los colaboradores siempre será dejar la responsabilidad a su jefe para que sea él quien tome las decisiones. Se vuelven buenos obedeciendo, pero no se comprometen con los resultados porque las decisiones no fueron suyas. Aprenden poco de los errores porque no los consideran sus errores. Se justifican pensando que ellos lo hubieran hecho diferente. Pero al mismo tiempo, como sus superiores no confían en ellos para hacer las cosas y tomar decisiones, ellos tampoco desarrollan su autoestima ni confían en sus capacidades. Su trabajo se vuelve monótono y poco estimulante. Todo lo consultan con sus jefes, que se vuelven la limitante para que los proyectos avancen en la empresa y se convierten en el cuello de botella.

Recuerdo mucho a uno de mis clientes con el que estuvimos trabajando todo esto. Empezó por volverse un líder más humano y cercano, esforzándose por conocer mejor a sus empleados y por estrechar la relación con ellos. Comenzó a tomarse los primeros minutos de la mañana, todos los días, para saludar a su personal, interesándose por ellos y por sus familias. Además, se tomó el tiempo para capacitar a su gente y para delegarles actividades, cada vez más importantes. Al cabo de unos meses, hablaba diferente de su trabajo, se sentía estimulado y se le ocurrían constantemente nuevas ideas para mejorar o crecer. Su personal se había vuelto muy comprometido y resolvían los problemas, o incluso evitaban que sucedieran, sin que él tuviera que involucrarse.

Este es el crecimiento que se da en las personas que saben que son importantes para la empresa porque sus jefes les han delegado tareas importantes. Sienten la necesidad de esforzarse, aprender, arriesgarse con sus decisiones, y arreglar las cosas cada vez que se equivocan. Muchas cosas les salen bien, y en las que no, se dan cuenta de que son capaces de corregir y aprender. Esto refuerza la confianza en sus capacidades. Cada vez se sienten más seguros de que pueden lograr cosas importantes y complicadas. Quieren experimentar nuevas formas de hacer las cosas y quieren tomar más responsabilidades. Disfrutan su trabajo y se sienten estimulados. Se vuelven más confiables, responsables y comprometidos. Son un motor que impulsa a la empresa, que ya no está topada por un jefe que necesita jalar a un equipo desmotivado y, en cambio, ahora tiene colaboradores que lo empujan. Por eso, cuando la gente crece, las empresas crecen.

Lo que yo he vivido es que, para quienes tenemos la responsabilidad de tener gente a nuestro cargo, no hay nada más satisfactorio que ver que nuestra gente se desarrolle. En lo personal, fue lo que más aprecié cuando dejé la empresa en la que fui directora general. Me impresionaba ver que las personas que habían llegado a trabajar conmigo, y las que tenía enfrente al momento de irme, eran dos personas muy diferentes. Habían crecido y se habían desarrollado, tanto en lo personal como en lo profesional. Solucionaban muchísimas cosas sin mi ayuda, y se volvieron especialistas, a quienes yo consultaba para rebotar ideas y tomar decisiones. Me llena de satisfacción, por ejemplo, ver cómo ahora ellos se han dedicado a desarrollar a las personas que les reportan.

La única forma en que se aprende a delegar es practicándolo. Se requiere capacitación y se requiere tiempo para ir desarrollando esta competencia. Lamentablemente, he visto muy pocas empresas que dan capacitación al respecto, y muchas menos aún que dan seguimiento a los resultados de la capacitación. Como es una competencia que se desarrolla con la práctica, los procesos de *coaching* o acompañamiento pueden ayudar mucho.

Por otro lado, es muy útil que los jefes y colaboradores tengan juntas periódicas donde puedan alinear su visión sobre los resultados más importantes que se esperan de ellos, y las actividades que más impacto tienen para el logro de los mismos. Con un enfoque correcto, se puede alcanzar una productividad ideal, dentro de un horario de trabajo adecuado, y con la menor cantidad posible de estrés.

Lo primero que considero que ayuda mucho es tener claras las prioridades y enfocarse en las pocas actividades que generan más impacto en lugar de querer abarcarlo todo. Este trabajo de priorizar, lo tiene que hacer cada colaborador con su jefe, juntos. Es muy común que el jefe y sus colaboradores estén desalineados en cuanto a prioridades. O que ninguno de los dos tenga ninguna clase de claridad porque nunca se han sentado a pensarlo. En estos casos, se genera un problema. Cada uno hace y da seguimiento a las cosas, sin ningún orden, según van apareciendo en su mente, creando un descontrol e ineficiencia totales. Cuando se mejora la comunicación y se alinean las expectativas de ambos, empiezan a tomar decisiones con prioridades similares, se enfocan en lo mismo y se potencian los resultados.

Me gusta usar la "regla de Pareto". De todas las responsabilidades de cada puesto de trabajo: ¿cuál es el 20% más importante? ¿Cuál es el 20% de las metas en las que estratégicamente esa persona debería enfocarse? Y de todas las actividades que colaboran en el logro de esas metas, ¿cuál es el 20% que tendrá un mayor impacto para que pueda lograrlas?

Esto nos permite enfocarnos en pocos resultados y en pocas actividades. Al trabajar únicamente en las actividades de mayor impacto, avanzamos más en lo que de verdad importa y dejamos de dedicar tiempo y energía en lo que no agrega tanto valor. Los resultados pueden ser tan impactantes que Cal Newport, en su libro "*Deep Work*", nos narra cómo él logró publicar más artículos que la mayoría de sus colegas tan solo enfocándose en las 3-5 actividades más relevantes para lograr nuevas publicaciones, ya que este es el principal indicador de desempeño para los académicos en Estados Unidos.

También recuerdo haber leído que el CEO de *Facebook* establece sus metas periódicamente y, cualquier proyecto que le propongan que no esté orientado al cumplimiento de esas metas, aunque haga mucho sentido económico, lo desecha sin siquiera analizarlo. Si más adelante ese mismo proyecto contribuye a la meta en turno, entonces sí que lo tomará en cuenta.

Otro tema de vital importancia es aprender a decir que no. Poder ser asertivos cuando se trata de aceptar un compromiso nuevo. Poder negociar con el jefe haciéndole ver los compromisos que ya se tienen, y decidiendo en conjunto lo que se queda y lo que se va. Si se agrega algo nuevo, se quita otro algo. Es un proceso y requiere que todos en la empresa vayan adoptando una nueva filosofía. Si las personas de la empresa creen en los beneficios, y se dan la oportunidad de experimentarlos, se irá generando una cultura diferente. Se puede empezar hacia abajo, con los propios colaboradores, y explicando al jefe la dinámica para ir trabajándola en conjunto.

De igual manera, hay que desarrollar la capacidad de concentrarse en una sola tarea, sin distracciones. Es importante que se promuevan en la empresa los tiempos y lugares en que las personas puedan trabajar sin interrupciones. A veces, es necesario aislarse físicamente, por ejemplo, en una sala de juntas o en la propia oficina. Es importante poderse desconectar de todos los distractores, sin olvidar el teléfono, correo electrónico y redes sociales. Todo esto funciona mejor cuando se hacen acuerdos con los demás para propiciar tiempos de concentración y aislamiento. Se debe comunicar y explicar previamente el objetivo de esta nueva dinámica de trabajo para que las demás personas del equipo sepan que, aunque no se les atenderá en ciertos momentos, siempre se les buscará después. Se debe honrar esto y buscar a las personas que requieren algo en cuanto se acaban los periodos de trabajo sin distracciones. De otra manera, no se generará la confianza que haga que se reduzcan las interrupciones.

Lo mismo sucede con las llamadas y mensajes. Es muy recomendable que cada persona tenga momentos en que no atenderá llamadas ni mensajes porque se concentrará en una tarea o reunión. Después, deberá buscar a todas las personas que haya dejado de atender.

Así mismo, es útil pactar el tipo de comunicación para cada situación. Recomiendo dividir las decisiones en tres categorías y acordar la forma correcta de actuación para cada una: a) cosas que el colaborador deberá decidir, resolver y no informar, b) cosas que deberá decidir y resolver, pero que deberá también informar, y c) cosas en que deberá informar y pedir consejo antes de actuar, sugiriendo una solución tentativa, para tomar la decisión en conjunto. De esta manera, los colaboradores solo interrumpirán a sus jefes para consultarlos cuando esto sea realmente necesario.

En cuanto a la disciplina y organización personal, también hay muchas cosas que se pueden hacer para ser productivo. Aquí solo compartí algunas cosas que consideré fáciles de explicar, sin embargo, he visto que siempre resulta útil capacitarse en este aspecto. Hay muchísimas herramientas, técnicas y metodologías que puedes utilizar. Yo he encontrado e implementado muchísimas cosas que he ido recopilando de diversas fuentes, especialmente libros. Un buen punto de partida podría ser el libro "Organízate con eficacia" (*Getting things done*, o GTD) de

David Allen. Verás que, con cada cosa de la metodología que implementes, mejorará tu productividad y se reducirá el estrés.

Con respecto a la disciplina personal para respetar los horarios de trabajo, a mí me ha ayudado mucho hacer compromisos que requieran que salga a mi hora. He encontrado que a la mayoría de las personas les es más difícil fallar a un compromiso con alguien más que a un compromiso que se hicieron únicamente a ellos mismos. Al menos a mí, me da mucha pena tener que llamar para cancelar, pagar por una clase a la que no asisto o no llegar a alguna actividad a la que me inscribí.

Otra cosa que he visto que también ayuda mucho a ser productivo y a organizarnos mejor es hacer un análisis periódico de la forma en que utilizamos nuestro tiempo. El ejercicio consiste en registrar todo lo que hacemos en nuestro día, anotando cuánto tiempo le dedicamos a cada cosa, durante una semana. Después, agruparemos las actividades para ver los totales diarios y semanales. Clasificaremos cada actividad viendo si es una de las actividades que más impacto tienen en nuestro resultado. Las clasificaremos también en estratégicas y operativas. Al final, tendremos que decidir qué hacer con cada actividad. Podemos organizar bloques de tiempo, diarios o semanales, para hacer una actividad repetitiva en un solo momento en lugar de dejar que nos distraiga constantemente. También tendremos que decidir si las delegamos, dejamos de hacer o las volvemos más eficientes de alguna otra manera. Solo nos deberíamos de quedar con lo que tiene más impacto y, en la medida de lo posible, que sea estratégico en lugar de operativo, que nos guste y que seamos hábiles haciéndolo. Lo demás, deberíamos delegarlo, eliminarlo, agruparlo o volverlo más eficiente.

Como verás, este trabajo para crear una cultura sana, donde cuidemos a nuestros colaboradores del *burnout* y el estrés desmedido, pero sin descuidar los resultados, plantea un reto fuerte. La verdad, lo más fácil es hacer las cosas igual que todo mundo, pero en mi particular punto de vista, no estamos en este mundo solo para ganar más dinero, sino para disfrutar de nuestra vida y para trascender.

Conclusiones

Creo que es muy difícil cuantificar el impacto del descanso en la empresa, pero estoy convencida de que realmente es algo que vale la pena promover. Me parece importante que se hable de eso, porque de otra manera, aunque se fomenten horarios sanos de trabajo, habrá gente como yo que de todos modos lleve una vida hiperactiva y no le dé prioridad al descanso. Si se forma a los colaboradores al respecto, habrá menos estrés y se generará un círculo virtuoso con muchos beneficios.

Una cultura sana de trabajo se refleja en el bienestar de los empleados, tanto en el ámbito laboral como personal, y en los resultados de la empresa. Cuando las personas están descansadas y se cuidan de manera integral, se mejora de manera natural la comunicación y el trabajo en equipo.

El *burnout* termina minando la productividad de las personas porque les impide concentrarse en su trabajo y tomar buenas decisiones. Se afecta también su estado de ánimo, se dañan sus relaciones con otras personas y puede tener un impacto fuerte en su salud y seguridad.

Por otro lado, es importante capacitar a todas las personas que tienen gente a su cargo para que aprendan a delegar y a desarrollar a sus subordinados. Necesitan dar prioridad y respetar las juntas con su personal, buscando siempre estar bien alineados con respecto a los resultados y actividades más importantes para cada persona. Requieren también aprender a trabajar sin distracciones, con una buena capacidad para concentrarse.

Es importante trabajar con el foco puesto tan solo en los objetivos más importantes, utilizando la "regla de Pareto". Tanto el jefe como el subordinado necesitan cuidar la cantidad de trabajo, responsabilidades y compromisos para que sean proporcionales al tiempo que se tiene durante una jornada de trabajo normal. La comunicación asertiva y capacidad de decir que no se vuelve crítica para lograr este objetivo.

Por último, es de vital importancia que mantengamos una mentalidad de mejora continua con respecto a nuestra productividad y a la forma en que administramos nuestro tiempo. Hay muchas herramientas y metodologías que podemos aplicar en las diferentes circunstancias que vamos viviendo. Yo procuro releer mis libros de administración de tiempo y productividad con cierta frecuencia porque sé que encontraré algo que pueda implementar para mejorar, ya sea porque lo descuidé o porque en el pasado no intenté implementarlo. Siempre me impresiono de los nuevos descubrimientos que hago cada vez que leo un libro, porque mis circunstancias y capacidad de comprensión van modificándose con el tiempo y la experiencia.

Como en otros capítulos, te comparto un diagnóstico que te puede ayudar a evaluar dónde estás y en qué áreas necesitas trabajar para mejorar. Estoy centrando el diagnóstico en aquellas cosas en que considero que todos tenemos capacidad de mejorar porque se refieren a acciones que sí dependen de nosotros. Muchas veces me ha llamado la atención que, en la misma empresa, aun cuando haya una cultura "común" que predomina, siempre hay quienes viven llenos de estrés y quienes saben manejarlo. Así que… ¿qué de esto puedes mejorar para ayudarte en tu quehacer laboral?

Puedes encontrarlo al final del libro o descargarlo en:

www.desequilibrioconsciente.com/descanso/kitlibro/

Capítulo 9

¿CÓMO OBTENER AUN MÁS ENERGÍA?

No sé de dónde viene esto que siento. Estoy contenta sin ninguna razón aparente. Simplemente, se me desborda la alegría, me siento feliz.

Así es como me siento algunos días. Sin encontrar ninguna razón en particular, me descubro sintiéndome contenta y satisfecha. Dándole gracias a Dios por todo, porque me gusta mi vida, con su sencillez diaria. Me siento llena de energía y de alegría que quiero compartir con el mundo. Se me escapa el amor hacia los demás. Valoro mucho todas las pequeñas ayudas que puedo hacer a otros. Veo que, en algunos casos, trasciendo de manera importante en otras vidas y eso es increíble, pero también valoro los detalles del día a día. Todo esto me tiene en un estado de ánimo donde quiero hacer cosas, ayudar, ver todo desde un punto de vista positivo, contagiar mi alegría y cambiar el mundo. En otras palabras, me siento llena de energía.

Este capítulo es como una guía para tener ideas de lo que podemos hacer cuando queremos sentir esa vitalidad y energía que nos impulsa hacia adelante. Retomaré algunos conceptos que ya hemos revisado con anterioridad, y tocaré algunos nuevos. Quiero que sepas qué puedes hacer para sentirte cada vez más vigoroso y listo para enfrentar las cosas con buen ánimo. A esto es a lo que me refiero cuando hablo de estar llenos de energía.

No sé tú, pero yo a veces siento que mis deseos son insaciables. Apenas llego al punto que quería llegar cuando ya me estoy planteando la próxima meta. Y así me pasa con esto de la energía y felicidad. Intuyo que todavía se puede vivir con mayor felicidad y plenitud y quiero continuar en el camino que me lleve hacia allá.

Mi historia me ha mostrado que esa creencia es cierta. Veo que he descubierto un nivel de felicidad que antes no imaginaba, pero veo que todavía hay cosas que me molestan y/o donde no muestro tanto amor a mi prójimo como me gustaría. Así que estoy convencida de que aún tengo mucho camino por recorrer. Y que se puede ser más feliz de lo que soy hoy y contagiar al mundo de mucha más alegría, ya que descubro que a veces no soy tan positiva como me gustaría.

Cuando me empecé a sentir descansada, se abrió un nuevo panorama para mí. Y a partir de ahí, he seguido avanzando y descubriendo una forma cada vez más maravillosa de sentirme y de vivir. Así que cuando de momento me siento un poco cansada, o sin mucho ánimo, quiero encontrar la forma de volverme a sentir con las baterías al 100%. Y esto me ha llevado a poner atención a lo que me recarga esas baterías. También he ido aprendiendo a detectar las cosas que me descargan las baterías, para poder alejarme de ellas.

No será ninguna sorpresa para ti si te digo que lo primero que me llena de energía es el descanso como tal. El descanso físico y emocional. El orden y la limpieza. El ejercicio y la alimentación sana. El orden de pensamientos y el enfoque en pocas cosas de gran impacto. Todo aquello de lo que hemos venido hablando.

Pero además de esto, hay situaciones en las que siento algo de tedio, momentos en que no logro salir de los pensamientos negativos generados por algún evento, o días en que no me siento preparada para acometer tareas que se me antojan difíciles. Esas tareas donde tengo que aprender a hacer algo nuevo, arriesgarme a equivocarme y salir de mi zona de confort. Tareas en las que no soy experta y donde el resultado es incierto. Y veo que no siempre me siento preparada para enfrentar una caída, aprender y levantarme.

Para estos casos he visto que hay muchas alternativas que me ayudan a sentirme mejor, ya sea inmediatamente, o al día siguiente. Siento que son momentos en que necesito escucharme y atenderme. Momentos en que mi cuerpo y mi mente me están pidiendo que los deje descansar. Bajar el nivel de control, exigencia y estrés. Y he visto que es importante cuidarme. Desde que lo hago así, no recuerdo haber pasado por dos días seguidos donde haya tenido esta sensación.

He visto que no todas las alternativas son igual de eficaces en todas las situaciones. Necesito aún seguir aprendiendo a escucharme, conocerme y atenderme. Pero tengo un arsenal de herramientas que voy probando en diferentes situaciones, y que me gustaría compartir contigo.

Descubrirás que muchas de las cosas que toco en este capítulo ya las había mencionado antes. Resulta que todas las actividades de este capítulo generan dopamina y/o endorfinas que son los neurotransmisores asociados con un estado de alegría. Lo que será diferente es que, probablemente, en capítulos anteriores había denominado vicios a algunas de estas cosas, y ahora hablaré de ellas como herramientas positivas para llenarnos de energía. A continuación, te explicaré por qué la misma actividad, dependiendo de la circunstancia, puede ser positiva o negativa.

Cuando vivimos en un estado de agotamiento total, es tanto lo que sentimos que nos aportan nuestras actividades placenteras, y es tan poca la fuerza de voluntad que tenemos para dejarlas, que nos envician. Pero cuando vivimos en un estado descansado, aunque tienen un efecto benéfico e incremental en nuestro estado de ánimo, nos es mucho más fácil dejarlas para pasar a otra actividad en cuanto lo necesitemos. En este caso, no ejercerán tanto control sobre nosotros y podremos usarlas con medida para obtener los beneficios que buscamos en ellas, solo por el tiempo que sea necesario.

Como siempre quise llevar una vida integral y equilibrada, antes las usaba de forma constante, pero sin estar plenamente consciente de lo mucho que me ayudaban a descansar del estrés y otras presiones en las que vivía. Supongo que seguía una especie de intuición, que solo sabía que me funcionaba, que evitaba que se agravaran los síntomas de mi *burnout*, y que yo defendía poniéndoles la bandera de "buena calidad de vida". No me daba cuenta de que yo solita me ocasionaba, con mi cansancio, que fueran completamente necesarias para ayudarme a mantener cierta salud física y mental a pesar del agotamiento en el que vivía.

Ya pasando a las herramientas que podemos usar para incrementar mucho más nuestra energía, lo primero de lo que me gustaría hablar es de las distracciones. ¿Cuáles son esas actividades que hacen que tú te olvides de todo? ¿Actividades que requieren que te concentres por completo en lo que estás haciendo? En mi caso, hay varias cosas. Los juegos de estrategia en la computadora o el teléfono me distraen bastante y activan funciones creativas e intelectuales de mi cerebro que lo mantienen en forma.

Con las series de televisión y con la lectura de novelas, me meto tanto a la historia, que el tiempo se me va como agua.

Tienen la virtud de distraerme por completo casi de cualquier pensamiento que me ronde. Y luego, aunque estos pensamientos regresen cuando dejo de leer o ver la tele, generalmente regresan con menos fuerza. Logro ver las cosas con mayor objetividad, tengo una mente más despejada y me enfoco con más facilidad en la generación de soluciones.

¿Qué actividades requieren de toda tu atención? ¿Qué actividades te descansan de tus preocupaciones? A algunas personas les pasa esto al pintar, al hacer ejercicio, andar en moto, cocinar, al escuchar música o al hacer manualidades. Lo importante es que tú descubras qué es lo que a ti te apasiona y te desconecta de tus pensamientos previos.

Otra cosa que nos puede ayudar muchísimo es pasar tiempo con nuestros amigos y familiares cercanos. Aquí no estoy hablando de redes sociales ni de vida social superficial con conocidos que nos caen bien y nos divierten. Hablo de la convivencia física, real y cercana con las personas que amamos. Estoy hablando de pasar tiempo de calidad y de desarrollar relaciones íntimas con ellos. En lo personal, es algo que me desconecta por completo de mis preocupaciones porque me enfoca en los demás: en escucharlos y entenderlos, compartir sus tristezas y alegrías, reír y crecer con ellos.

Yo antes llevaba una vida social muy activa, pero muchas de mis relaciones eran superficiales. El problema de esto es que, una vez que pasaba el momento de diversión, pienso que en el fondo sabía que no estaba construyendo algo de largo plazo, o que incluso, estaba utilizando a otras personas solo para pasarla bien. Puede ser que intuyera que ellos también me utilizaban para lo mismo y creo que eso me dejaba con un sentimiento de vacío y mal gusto que trataba de ocultar con más relaciones y vida social. Imagino que en el fondo sabía que este comportamiento y lazos no me llenaban.

Por eso, ahora me enfoco más en desarrollar relaciones íntimas y profundas, donde yo ame de verdad y con plenitud a los demás, y a su vez me sienta amada por ellos. Cuando convivo con personas cercanas, esto también me ayuda a sacar mis preocupaciones y sentirme comprendida. Me ayuda a reflexionar cuando los demás me hacen comentarios o preguntas con respecto a lo que les cuento. Cuando paso tiempo con alguien, generalmente dejo de lado todas mis preocupaciones y regreso a mi casa cargada de energía. En especial, cuando me la pasé muy bien, cuando pude ayudarle o cuando esa persona compartió conmigo sus alegrías. A veces, regreso tan contenta por el/ella que me siento feliz y llena de energía.

Claro, esto no quiere decir que ya no participe de repente de una vida social más amplia con gente menos cercana. Creo que las reuniones más grandes pueden ser buenas oportunidades para pasarla bien y para ir conociendo con profundidad a los demás. Pienso que en cualquier momento se puede desarrollar una conversación o experiencia que nos permita acercarnos a alguien y desarrollar una relación más sólida. Pero lo que sí es cierto, es que ahora ya no busco salir tan solo para despejarme. Veo con tristeza cómo antes hacía eso porque necesitaba distraerme, pero sin darme cuenta del vacío que me ocasionaba después. Recurría a mi lista de contactos del celular con el objetivo de crearme un plan y, obviamente, veo que con el tiempo se han perdido la mayoría de esas relaciones porque nunca evolucionaron más allá de la intención de pasar un buen rato.

Por otro lado, en lo personal soy muy cuidadosa con la forma en que uso las redes sociales. En general, creo que pueden ser muy útiles para algunas cosas, pero no creo que nos ayuden en realidad a profundizar en la intimidad de nuestras relaciones. He leído, además, varios artículos que explican por qué generan adicción. Resulta que nos proporcionan pequeñas dosis, continuas, de emociones y sentimientos positivos. Nos alegramos al saber de los demás y al recordar momentos que hemos vivido. Nos llenamos de estímulos positivos, pequeños y constantes, que terminan por volverse necesarios cuando se percibe su ausencia. Y, como la única forma de obtenerlos y sentirnos bien de nuevo es regresar a las redes sociales, volvemos una y otra vez a buscar esa satisfacción que sabemos que solo encontramos ahí.

Por eso, aunque la idea general para llenarnos de energía es hacer cosas que nos gusten, tenemos que ser cuidadosos al elegir estas actividades. La dopamina es un neurotransmisor que se asocia con el placer y suministra sentimientos de gozo para reforzar que la persona realice ciertas actividades. Las cosas placenteras nos generan esa dopamina que nos hace sentir bien y llenos de energía. Sin embargo, hay que pensar también si esas cosas nos generan un beneficio en el largo plazo, para evitar quedar atrapados en cualquier comportamiento que pueda dañarnos en lo físico, en nuestra productividad o en nuestra emocionalidad y autoestima. Por eso no es bueno abandonarse a placeres como el cigarro, el alcohol, las redes sociales o la comida, por poner algunos ejemplos.

Hablando de neurotransmisores, ya que tanto la dopamina como las endorfinas están relacionadas con la alegría, podemos también buscar las diferentes fuentes de endorfinas que están a nuestro alcance. Hay dos que se me hacen especialmente fáciles de utilizar: el ejercicio y la risa (o su hermana menor, la sonrisa).

En cualquier momento podemos hacer algo que nos requiera un esfuerzo físico. He descubierto que es delicioso hacer ejercicios de estiramiento si nos damos la oportunidad de sentir y descubrir dónde están nuestras tensiones para disfrutar liberándolas. También podemos hacer ejercicio más pesado; algo que nos requiera un esfuerzo que luego nos llene de satisfacción por haberlo logrado. Como dice una amiga, es muy satisfactorio cuando tienes ese dolorcito rico que te dice que tus músculos están sanos y ejercitados.

En cuanto a la risa, ¿cuántas veces te das la oportunidad de hacer y decir tonterías inocentes? ¿Cuándo fue la última vez que retomaste los juegos de niños, aunque ya seas adulto? Escribo esto y se me vienen a la mente muchísimos ejemplos de momentos tontos que he tenido en mi vida. Recuerdo a las personas con las que estaba y cómo nos reímos. Tan solo por recordarlo, se me escapa la sonrisa. Recuerdo la carrera de cochecitos con mis amigas, el día que nos subimos al árbol, o cuando nos perdimos y terminamos cruzando el bosque, pasando por lugares donde ya no había ni siquiera un sendero estrecho. O cuando hicimos un intercambio de cobijas y nos tomamos una foto debajo de ellas, en la que nadie sabe quién es quién porque estamos tapadas de pies a cabeza.

No hay nada como las tonterías y risas para hacernos sentir bien y llenos de energía. Y muchas veces basta con cualquier cosa que nos ponga una sonrisa en los labios, como cuando vemos fotos o recordamos un momento agradable, para empezar a sentirnos mejor. Es más, simplemente con imaginarnos algo placentero o con sostener un lápiz entre los dientes, se activan los mecanismos en nuestro cerebro que nos hacen sentir bien.

El aprendizaje también nos puede generar muchísima energía. Cada vez que me pongo a leer un nuevo libro, de inmediato veo cómo surgen las ideas y proyectos. Me emociono con todas las cosas que puedo hacer y lograr. Me imagino un futuro deseable y alcanzable y tengo mucha energía para poner en práctica algunas ideas. Es como si alguien me diera un licuado lleno de energía. Veo cómo las conferencias, clases y libros hacen que esté emocionada, llena de proyectos, y en un modo prueba-error-aprendizaje que me causa muchísima satisfacción.

Recuerdo que una de mis *coachees* se propuso leer un libro y ver videos en *YouTube* para aprender sobre temas que le parecieran interesantes. La siguiente vez que la vi, era otra persona, llena de energía. Había empezado a hacer cambios también en otros aspectos de su vida. A raíz del proceso de aprendizaje con el que empezó, se reactivaron algunas de sus inquietudes en otras áreas, y se sintió con la energía para poner en práctica varias cosas que sabía que la ayudarían. Se había puesto a hacer ejercicio y a cuidar su alimentación y había entrado en un círculo virtuoso de muchas satisfacciones y crecimiento personal.

He visto que, al menos a mí, también me mueve mucho la sana competencia. Cuando tengo un reto, en especial si implica a otras personas, me mantengo motivada. El vencerme a mí misma, o a los demás, me pone en movimiento, sobre todo cuando hay una recompensa clara. Las recompensas pueden consistir en ganarle a alguien más o en ganar cualquier clase de reconocimiento. Por eso, muchas veces me han ayudado mucho las aplicaciones que me dan alguna recompensa por su uso mientras me ayudan a mejorar en mi vida real. Por ejemplo, la aplicación de *Forest* fue creada para que evitemos distraernos con el teléfono celular. Cuando necesito concentrarme, le indico a la aplicación por cuánto tiempo evitaré usar el teléfono, y con ello inicia el proceso para plantar un árbol. La aplicación me ayuda porque sé que, si uso el teléfono, mi árbol se muere y, en su lugar, se plantarán solo las ramas de un árbol seco en mi bosque virtual. Además, quiero ganar más monedas para comprar nuevas especies de plantas, y esas monedas solo las puedo ganar plantando árboles. Ese tipo de aplicaciones me ayuda porque me pongo metas, reales y virtuales, y me lleno de energía al ver cómo las voy logrando.

A veces, algo que no es tan obvio, pero que también me ha dado mucha energía, es lograr vencerme a mí misma. Alguna vez me ha faltado algo por hacer en el día y me he sentido tentada a no hacerlo para poder irme a dormir. He visto que, cuando logro vencer el cansancio y me pongo a trabajar, siento un gran orgullo y satisfacción. Me siento grande por haber logrado algo valioso y difícil. Y eso me llena de energía porque refuerza mi autoestima. En realidad, procuro organizar mis días para acostarme temprano sin que me queden cosas importantes por hacer, pero cuando esto ha llegado a suceder, a veces ha valido la pena hacer una excepción en mi hora de dormir con tal de cumplir con lo que me había propuesto.

También me llena de energía cada vez que me propongo algo y lo logro, aunque sean cosas pequeñas. Lo que me llena es el hecho de saber que estoy avanzando. Cada vez que tacho algo de mi lista de pendientes siento una gran satisfacción. No importa que haya sido una tarea sencilla, el simple hecho de avanzar, me hace sentir bien. Cuando marco mis tareas completadas en mis *apps*: *Todoist* y *Habitica*, oigo el sonido del avance y veo cómo desaparecen, siento el placer y la satisfacción que me impulsan a seguir adelante.

Y, por supuesto, me llena de energía el hacer un trabajo bien hecho, saber que di mi 100% y que obtuve el mejor resultado que podía haber obtenido. Esas veces, donde sé que hice lo mejor que podía haber hecho, ya no me importan los errores o si logré o no los resultados. Me siento muy satisfecha y orgullosa del esfuerzo que le puse. Y si eso implicó ayudar a otras personas lo mejor que pude, es aún mayor la satisfacción y energía que obtengo.

Hablando de esto, he visto que una forma para llenarnos de energía es cuando damos sin medida. Tengo una experiencia muy concreta en la que decidí dejar de medir las cosas por el costo-beneficio. Decidí que, si iba a hacerlo, lo iba a hacer bien y dando todo de mí. Veo que, normalmente, de manera inconsciente, busco una relación justa entre el costo y el beneficio. Pero veo también que tengo otra parte inconsciente que quiere aportar más y quiere trascender.

Cuando me decido a apagar la parte justa y me voy por la parte que quiere dar y quiere trascender sin medida, me siento muy satisfecha por lo que hice. Por saber que mi vida tiene sentido y que soy importante para hacer mejor la vida de los demás. Eso me llena de energía, no solo por el agradecimiento de los demás, si es que lo hay, sino porque sé que estoy haciendo algo edificante. Que estoy construyendo y contribuyendo en lugar de destruir o de generar problemas.

Otra cosa que nos llena de energía es amar a los demás. Hacer algo por los demás: llamarles, escucharlos, pasar tiempo de calidad con ellos, planear alguna sorpresa o ceder ante sus necesidades. Y, por supuesto, también nos llena de energía el sentirnos amados. En definitiva, es un error amar al otro con la expectativa de ser amados. Si hacemos esto y el otro no responde, nada más nos sentiremos frustrados. Pero cuando amamos de corazón, sin esperar recibir nada a cambio, la cosa es diferente.

El amor nunca es completamente justo o recíproco. Todos amamos de diferentes maneras y según nuestras propias capacidades. Por eso hay que centrarnos más en amar que en ser amados. Pero es muy cierto que, cuando nos sabemos amados, nos sentimos muy bien. Por eso, hay que cultivar nuestras amistades y relaciones familiares. Si tenemos relaciones fuertes, y los demás se sienten amados por nosotros, será irremediable que algunos de ellos también nos amen en consecuencia.

También podemos acercarnos a los demás cuando necesitamos de ellos. Tan importante es saber dar como saber recibir.

Poder dar ayuda como pedirla. Se vale buscar a un amigo o familiar para contarle algún problema o solicitarle algún tipo de ayuda. Verás cómo te sientes mejor al ver cuánta gente a tu alrededor te quiere y está dispuesta a escucharte y ayudarte cuando lo necesitas. Solo hay que aprender a pedir y a recibir.

El servicio en sí mismo, si se hace con las intenciones adecuadas, también nos llena de energía. No es bueno servir a otros con la intención de obtener un reconocimiento, sonrisa o agradecimiento. Si lo hacemos por el simple motivo de dar, de ayudar y de aportar, la satisfacción vendrá de lo profundo. No dependeremos del resultado o de la recompensa exterior. Muchas veces, el reconocimiento de todos modos se dará y contribuirá a hacernos sentir bien. Sin embargo, si solo servimos a los demás esperando recibir algo a cambio, aunque sea una sonrisa o un agradecimiento, corremos el riesgo de frustrarnos cuando no lo recibimos. Por eso, hay que buscar siempre la pureza de intención.

Me ha costado mucho trabajo entender lo que dice la biblia sobre que la mano derecha no sepa lo que haga la izquierda. Es decir, ayudar y hacer el bien en secreto. Precisamente, mientras escribía esto, me pareció que cobraba sentido. Es una forma de probar nuestra pureza de intención. Nuestros motivos profundos para ayudar a otros. ¿Nos impulsa de verdad el amor y las ganas de ayudar, o en realidad estamos buscando el reconocimiento y agradecimiento de los demás? ¿Le estamos dando más valor a ser amados que a amar?

En lo personal, me descubro queriendo ese reconocimiento. Buscando sentirme querida. Pero también he experimentado el gozo de servir cuando amo genuinamente a la otra persona y deseo su felicidad. Anhelo seguir avanzando en este camino porque en el fondo sé, y he experimentado, que la felicidad no puede depender de los demás y de su respuesta a lo que hacemos. No nos conviene enfocarnos en el amor que recibimos o no de los demás, sino en qué tanto amamos nosotros buscando el bienestar de la persona amada. Creo que por eso nos hace esa recomendación la biblia, para que nuestro gozo al dar no dependa de los demás.

Por último, necesitamos ir detectando también qué es lo que nos resta energía y atenderlo. Necesitamos detectar cuáles son las relaciones que nos hacen sentir inseguros o poco amados para dejar de buscar a esas personas. Detectar qué tipo de pensamientos nos sumergen en el enojo o en la tristeza para analizar de dónde vienen, evitar alimentarlos y buscar la forma de atacarlos de raíz. Detectar cuando nos estamos comprometiendo con más de lo que podemos abarcar para elegir en qué enfocarnos y disminuir el estrés y la frustración. Ver si hay algún problema o pendiente que no estemos atendiendo, para abordarlo y resolverlo cuanto antes. Nuestro cerebro seguirá molestando hasta que sepa que estamos haciendo algo al respecto, así que, ¿para qué dejar que esto nos quite energía?

Esto es igualmente aplicable para todo tipo de problemas y emociones que, por cualquier razón, hayamos decidido reprimir, de manera consciente o inconsciente. A veces reprimimos el enojo porque nos da miedo nuestra reacción, o la tristeza de una pérdida porque queremos evitar sufrir. O puede que también hagamos como que no nos damos cuenta de un problema, cuando en el fondo sabemos a la perfección que está ahí. El esfuerzo por reprimir estas cosas nos quitará muchísima energía y evitará que funcionemos bien. Hay que aprender a reconocer las emociones y atrevernos a experimentarlas para que después también podamos dejarlas ir. A los problemas hay que darles un espacio para analizarlos y tomar una decisión al respecto, ya que, mientras no decidamos, estaremos gastando muchísima energía para evadirlos.

La buena noticia es que, con el tiempo, podemos aprender a escucharnos. Escucharemos nuestras inquietudes y escucharemos a nuestro cuerpo. Cuando estamos dejando de atender algún problema o actividad importante, empezaremos a tener síntomas de ansiedad. Necesitamos aprender a reconocer nuestros propios síntomas; querer comer, algún tipo de vicio o distractor, alguna actitud autodestructiva como comerse las uñas, etc. Lo importante es que aprendamos a escuchar esos síntomas y que dediquemos tiempo a descubrir y resolver su causa. No tenemos que resolver el problema por completo, basta con decidir qué hacer y agendarlo o empezar a implementarlo. Con que nuestro cerebro sepa que ya estamos atendiendo el tema, será suficiente para que nos deje de generar estrés y de absorber energía.

Tengo la filosofía de maximizar lo bueno en lugar de reducir lo malo. Prefiero prever el cansancio que contrarrestarlo como hacía antes. Espero que tú también veas más oportunidades para generar más energía que para evitar que se te escape. Creo que cuando nos centramos en corregir lo malo, llegaremos a un tope muy pronto, en el que no podremos avanzar más. Pero cuando nos centramos en generar más cosas buenas, no hay límites. Siempre nos esperará un grado más de felicidad, que quizá hoy, ni siquiera imaginamos. Al menos eso es lo que me ha pasado los últimos años, y por eso es lo que creo en el fondo de mi corazón.

A modo de resumen del capítulo, dejaré nada más una pequeña lista con los temas que toqué aquí tanto para generar energía como para evitar perderla.

Herramientas e ideas para generar más energía:

- Distracciones, gustos y *hobbies.*
- Relaciones sociales.

- Ejercicio.
- Risas y sonrisas.
- Aprendizaje.
- Reto y sana competencia.
- Vencerte a ti mismo.
- Lograr cosas y tachar listas de pendientes.
- Trabajo bien hecho.
- Ayudar y dar: servir a los demás.
- Amor al prójimo.
- Pedir y recibir ayuda.

Lo que hay que hacer para evitar perder energía:

- Cortar con relaciones negativas.
- Evitar o detener pensamientos nocivos.
- Atender pendientes no resueltos.
- Dejar de evadir los problemas, analizarlos y tomar decisiones.
- Reconocer, permitirnos experimentar, y, por último, dejar ir nuestras emociones.

Capítulo 10

LA MAGIA SUCEDE CUANDO NOS CUIDAMOS

A veces, nuestro más grande enemigo somos nosotros mismos. Nuestro cuerpo y nuestro cerebro continuamente se enfocan en protegernos de nuestras propias decisiones sin que nosotros seamos conscientes de ello.

Este es un capítulo corto en el que solo pretendo resumir lo que he ido concluyendo de la experiencia de vivir descansada. Esto es lo que me ayuda a seguir cuidando mi descanso y a decidir, una y otra vez, darle prioridad sobre otras cosas. De alguna manera, sé que, si yo cuido mi descanso, la felicidad llegará sola. ¿Qué importa sacrificar uno que otro logro si eso implica que disfruto más de mi vida?

Lo que he visto es que el cuerpo es sabio y se defiende. Cuando mi cuerpo y mi mente ven que yo los cuido, no es necesario que se activen sus defensas. Todo fluye con facilidad. Si me encuentro físicamente descansada, mi cuerpo no tiene ninguna necesidad de pedirme descanso. Es fácil ser productiva porque durante el día ni siquiera pienso en descansar.

Ahora que vivo descansada, las veces que he requerido desvelarme por alguna razón, es mucho más fácil hacerlo. Ya sea que se trate de un evento social, de ver una película o de trabajar, sé que es algo extraordinario. Lo hago con gusto e incluso con facilidad. Incluso cuando, por alguna razón paso una mala noche y no descanso bien, la repercusión al día siguiente es relativamente pequeña. No es lo mismo el cansancio de uno o dos días que el que tenía antes. ¡Era una acumulación de semanas, meses y años!

Además, la diferencia no es tangible solo en el momento en el que me estoy desvelando. Es impresionante ver cómo, incluso al otro día, el cansancio que siento es mínimo. Sí me llego a sentir más cansada de lo normal, pero no pasa de ahí. Si tengo cosas que hacer, es fácil que prefiera sacar adelante mis pendientes que ponerme a descansar. Mi cuerpo sabe que el descanso llegará por la noche y, por lo tanto, no me lo pide a gritos. Eso sí, tengo que cumplir sus expectativas, y no malpasarme varios días seguidos si no quiero que entre en modo defensivo de nuevo.

Con el descanso emocional pasa lo mismo. Esto me ayuda a lograr mis metas. Me facilita mucho cada decisión porque tengo mucha claridad sobre las cosas en las que quiero enfocarme. Tengo la mente despejada y conozco mis prioridades. No tengo que decidir entre millones de cosas, ni poner a prueba toda mi fuerza de voluntad, cada vez que tomo una nueva decisión. Los avances son continuos y rápidos. La satisfacción es automática y grande.

Ahora cuido mi descanso, de todo tipo, de manera muy consciente. Poco a poco, he puesto cada vez más atención en escuchar a mi cuerpo y en atenderlo. En lo emocional, también me cuido mucho. En cuanto detecto que necesito algo, hago una evaluación pensando en un largo plazo. Veo la forma de hacer espacio para atender mis necesidades cuanto antes, buscando la forma de cambiar de planes o de acomodarlo en algún espacio libre.

Mi gran descubrimiento es que cuando mi cuerpo y mi cerebro no están en modo defensivo, mi vida cambia. Me sorprendo una y otra vez de que la alegría brote de mi interior simplemente porque sí. Por ejemplo, hace poco tuve un día perfecto. ¿Qué fue lo que lo hizo perfecto? Eso fue lo más bonito. Nada en especial. Fue un día como cualquier otro. Estuve trabajando, avancé en algunas cosas, tuve algunos contratiempos. Nada fuera de lo común. Sin embargo, todo lo que me pasaba me parecía muy bien, tanto en el momento que lo vivía como después.

Algunos dirían que estuve fluyendo todo el día. Me es difícil describirlo porque también para mí fue raro. Lo describo como una experiencia nueva, diferente, y muy agradable. Simplemente, si pasaba algo normal, de alguna manera, lo interpretaba como algo bueno. Y me sentía feliz.

Así que me pregunto: ¿cómo es que de repente me descuido y dejo de valorar todos estos beneficios? ¿Por qué cambio algo tan valioso, una alegría profunda y casi permanente, por unos cuantos logros que no me dan más que una leve satisfacción? Mientras pueda seguir logrando cosas sin entrar en modo de defensa, vale la pena que siga persiguiendo nuevas metas. El problema es cuando quiero más y pierdo mi capacidad de estar descansada, porque dejo de disfrutar cada momento. Entro en modo defensivo. Pierdo la alegría. Vuelvo a estar más irritable, y los enojos me vienen con mayor facilidad y me duran más tiempo. Ante los problemas, me centro más en la impotencia y en el enojo que en la solución.

¿Para qué quiero eso en mi vida? Para mí, el modo defensa es igual a frustraciones, enojos, tensión y estrés. ¿Por qué tengo que esperar a que mi cuerpo y mi cerebro me cuiden en lugar de cuidarlos yo a ellos? ¿De qué me sirve tener grandes éxitos si pierdo la capacidad para disfrutar de cada momento del día?

¿Qué gano con volverme una persona menos agradable? ¿Para qué me arriesgo a reducir mi capacidad de amar? En resumen, para mí, el modo defensa es igual a la incapacidad para ser feliz. Modo descanso es igual a alegría interior y exterior.

Pero claro, cuando lo escribo así, parecería que pienso que todo es bonito y fácil. La realidad es que no. Tengo viejos hábitos, y formas de tomar decisiones, que me jalan una y otra vez. Continuamente me descuido, y me voy llenando otra vez de compromisos. Lo bueno es que los beneficios son tan maravillosos que es fácil que quiera volver a cuidarme. Solo tengo que volver a poner las cosas en contexto y decidir qué cosas dejar. La buena noticia es que ahora es más fácil que antes y que hay veces en que ya no me pesa en absoluto.

Todo es cuestión de aprendizaje. Hace poco viví tres meses en un estilo de vida que yo denominaba "modo caos". Decidí tomar varias oportunidades porque no sabía cómo volver a generarlas más adelante. Sabía que estaba arriesgando un poco mi descanso y, aun así, quise tomarlas. Afortunadamente, no llegué a mis niveles anteriores de cansancio, sino que busqué ajustar mis nuevas circunstancias de tal forma que pudiera seguir descansando. Pero sí fueron meses más pesados que los que venía viviendo, y esto me dejó un gran aprendizaje.

Descubrí que es muy delgada la línea y que podemos regresar en cualquier momento a la vida de cansancio. Y, en definitiva, veo también lo difícil que es detectarlo cuando está sucediendo. Es por eso que me propuse cuidar de hacer de manera periódica los diagnósticos que he compartido en este libro, para tener alarmas que suenen antes de que cruce la línea.

Creo que todavía me falta mucho por aprender, sobre todo, por autoconocerme. Mi principal guía se basa en mi estado de ánimo, en la alegría con la que vivo los diferentes acontecimientos de mi vida, y en mi capacidad de hacer frente a las dificultades del día a día. Si al finalizar mi día ya no pienso que fue un día maravilloso, o si los enojos me duran mucho, entonces es un síntoma de que necesito corregir el rumbo.

Creo que la principal forma de aprender en esta vida es a base de prueba y error. Así que, te invito a que elijas tus niveles óptimos y tus mínimos aceptables en cada uno de los diagnósticos. ¿Qué calificación total en un diagnóstico, o que calificación particular para una pregunta, consideras que ya no es aceptable? ¿En qué momento levantarás una alarma para saber que te urge tomar acción y corregir la forma en la que estás viviendo tu vida? Y a propósito de esto: ¿Cada cuánto te conviene reevaluarte? ¿Qué otro tipo de mediciones puedes hacer para que te arrojen información más frecuente y puedas corregir más rápido?

En lo personal, pienso que está bien hacer el diagnóstico completo una vez al mes. A lo mejor, normalmente sería suficiente con hacerlo cada tres meses, pero veo el riesgo de volver a vivir otros tres meses en modo caos y prefiero hacerlo una vez al mes.

Algo que me ayuda mucho es que llevo un registro diario de las horas que duermo. Compré un anillo que viene con sensores y con una aplicación que me lo registra de forma automática. El registro no es perfecto, pero aun así me ayuda bastante, más que si no lo tuviera. Ahora tengo datos históricos que me ayudan a conocerme y comparar mi estado actual con momentos anteriores, de manera mucho más objetiva que si me basara solo en mis recuerdos. Por ejemplo, si paso tres días seguidos durmiendo menos de siete horas, eso es para mí una alarma automática de que las cosas no van bien.

Con los alimentos entre comidas o la cantidad de pan y azúcares es lo mismo. Necesito evaluaciones más cercanas para evitar hábitos que me perjudican. Sé que, una vez que empiezo a comer mal, entro en un círculo vicioso que mi cuerpo mismo me solicita, y del cual es más difícil salir. Así que mi filosofía es: ¿para qué entrar? ¿Por qué no me detengo mejor en la fase en que es fácil salir y no cuando se necesita mucha fuerza de voluntad?

Pasa lo mismo con el ejercicio y con el orden. ¿Para qué esperar a que todo mi ser se resista a hacer ejercicio porque sé que voy a terminar adolorida? ¿No es más fácil ser constante y disfrutar los avances en lugar de frustrarme cuando descubro todo lo que he perdido? También aquí me ayudo con una aplicación, *Habitica*, que me ayuda a cuidar mis hábitos. En la aplicación registras las tareas diarias que quieres hacer, los hábitos que quieres promover y los que quieres evitar. Cada vez que registras algo bueno, te da dinero virtual para comprar cosas y puntos para avanzar al siguiente nivel. Si haces algo malo, pierdes salud. Incluso puedes unirte a un equipo para hacer misiones y ganar premios. Esto de los equipos me ayuda mucho porque cuando no cumplo con lo que dije, también afecto a mis compañeros, y eso me compromete a no fallar. Aunque la aplicación tiene sus fallas, me ha ayudado mucho a desarrollar buenos hábitos y a evitar los malos de una forma divertida. Dentro de otras cosas, me ayuda a no dejar el ejercicio aunque esté cansada. Cuando estoy muy cansada, hago solo estiramientos o una rutina sencilla, pero no dejo de hacer ejercicio.

En el caso del orden, evito que las cosas se acumulen. Conozco el estrés que se genera al ver todo desordenado y saber que requeriré muchas horas para ordenar. Prefiero ordenar poco, continuamente. Todos los días analizo, al hacer mi evaluación diaria, si dejé algo desordenado. Así, puedo tomarme unos cuantos minutos para regresar las cosas a su lugar y mantener el orden. Ahora ordeno rápido las pocas cosas que están desordenadas porque nunca llegan a acumularse.

Mi invitación es a que no te confíes. A que vayas encontrando tus propias formas para evitar que, sin darte cuenta, regreses a un estado en el que no quieres estar. Y aún peor, a que vivas en una situación indeseable y sigas pensando que no estás ahí. Nuestros cerebros son tan sutiles que nos engañamos a nosotros mismos pensando que estamos bien y que tenemos todo bajo control. Me sucedió durante casi toda mi vida, cuando fui incapaz de reconocer mi cansancio crónico, y después, en los tres meses que viví en modo caos. No quiero que me vuelva a pasar. Prefiero prevenir que lamentar. Te invito a encontrar y a aplicar diferentes maneras para mantenerte donde quieres estar, y para evitar ir retrocediendo en formas sutiles y difíciles de detectar.

Capítulo 11

ES POSIBLE TENER UN BIENESTAR PERMANENTE Y CRECIENTE

¿Quién diría que se me iban a olvidar los problemas que había tenido y que terminaría pensando que fue un lindo día? De plano, había olvidado todo el tiempo perdido por la descompostura de mi computadora. Y no solo eso, aunque todavía no lograba solucionar nada, me sentía tan feliz como si no hubiera tenido ningún contratiempo. Incluso había dejado atrás el enojo causado por la mala atención de las personas de servicio técnico.

Sorprendentemente, este tipo de cosas, ahora me suceden con frecuencia. Termino mi día sintiéndome contenta y agradecida, a pesar de haber vivido momentos difíciles. No dejo de sorprenderme cada vez que atravieso por problemas con muy poca afectación emocional.

Ese día en que se me descompuso la computadora, terminé el día haciendo algo muy agradable para mí. Eso fue suficiente para borrar por completo los malos momentos y quedarme con el agradecimiento y la felicidad de las cosas buenas.

Así que probablemente te estarás preguntando: ¿Qué se puede hacer para que este tipo de experiencias sean permanentes? ¿Cómo evitar regresar a una forma anterior de tomar decisiones? ¿Cómo seguir priorizando el descanso?

He hablado mucho en capítulos anteriores sobre el riesgo de recaer y sobre la utilidad del diagnóstico periódico. Sin embargo, en este capítulo, me gustaría compartirte algunas otras herramientas que puedes utilizar para conservar lo que vas ganando.

Algunas personas que me conocen me consideran una persona sumamente metódica y estructurada. Pero he descubierto que, en esencia, soy metódica en las cosas donde no me siento muy capaz. En las cosas que se me hacen fáciles, no planeo nada. Tengo confianza en lograr el resultado y muchas veces no me importa si soy ineficiente. Pero en las cosas difíciles, prefiero confiar en un método que me ayude a garantizar los resultados.

Siento que es un simple tema de aceptación de mis posibles fallas y limitaciones. Y como no quiero rendirme, busco qué puedo hacer para garantizar el resultado. Por ejemplo, cuando quiero sacar la basura al día siguiente, o cuando necesito llevarme algo importante, primero reconozco la posibilidad de que se me olvide. Y para evitar que el resultado no se obtenga, busco formas fáciles de ayudarme. En este caso, poniendo las cosas delante de la puerta, donde me estorben, para asegurar que las veo.

Por eso considero que, en este tema del descanso, necesito apoyarme en herramientas externas que me ayuden a mantener y cuidar lo ganado. Me gustaría compartirte mi experiencia y algunas de las herramientas que he utilizado, de manera personal y con mis clientes. Tengo muchos años trabajando como *coach* y asesora de personas en posiciones de liderazgo. Quiero compartirte las herramientas que les han ayudado en su proceso de desarrollo personal y profesional, porque son igualmente aplicables al tema del descanso.

Dependiendo de tu tipo de personalidad, algunas herramientas y recomendaciones te serán más útiles y fáciles de llevar que otras. Puedes probar todas, en orden, y después hacer los ajustes que creas convenientes para dar más peso a las que mejor te funcionan. O puedes intentar directamente las que a ti te hagan más sentido. También puedes acudir a mi página de internet si quieres un programa más estructurado o un acompañamiento personal.

Lo más importante es que, a partir de ahora, tu manera de tomar decisiones necesita ser diferente. Te cuento cómo lo hago yo para que puedas apalancarte de mi experiencia. El mayor cambio que he hecho es que ahora priorizo el descanso sobre todo lo demás. Es decir, que primero cuido mis ocho o nueve horas de sueño diario, y después acomodo mis otras actividades en el tiempo restante. Me organizo para hacer todas mis cosas solo en las quince horas que me quedan libres. Considero nueve horas para dormir porque he visto que mi plan original difícilmente se cumple. Entre las últimas actividades del día, algún pendiente sin hacer, o la lavada de dientes, cuando planeo nueve horas para dormir, termino durmiendo solo ocho.

Antes no consideraba las horas reales de sueño, sino la hora a la que me acostaba y me levantaba. No era consciente de los tiempos que pasaba en la cama, acostada, sin estar dormida. No contaba el tiempo que tardaba en dormirme, los ratos en que despertaba para ir al baño o cambiar de postura, ni los minutos que tardaba en levantarme por la mañana, aunque ya estuviera despierta. Ahora, mi meta es tener entre 7.5 y 8.5 horas al día de sueño real. Puede que tú requieras una cantidad diferente y que tengas que encontrar tu número ideal. En lo personal, mi aplicación y mi anillo me han confirmado, una y otra vez, que eso es lo que yo necesito. Si duermo menos, no alcanzo a tener la cantidad de sueño REM que requiero.

Así que, empezando con esa forma de priorizar y planear mis actividades, vale la pena considerar que no siempre descansaré igual de bien. A veces, porque decido hacer alguna excepción y desvelarme. Otras veces, existen otros motivos que me impiden descansar bien, según lo que haya hecho en el día, mis preocupaciones, ejercicio, posturas o alimentación.

Dado que no siempre descansaremos igual de bien, lo más importante que hay que aprender es a escuchar nuestro cuerpo. Empezaremos a notar que unos días estamos más activos y de mejor humor que otros. La clave aquí es que nos podamos adaptar a esos cambios en nuestro estado de ánimo y nivel de energía. En la medida de lo posible, es importante aprender a ser flexibles y a adaptar los planes del día según nuestra cantidad de energía y lo cansados que nos sintamos.

Si de repente sentimos la necesidad de que nuestro ejercicio sea más ligero, porque nos sentimos con pocas fuerzas, vale la pena ajustar nuestra rutina y hacer algo menos demandante. O si nos morimos de sueño, y tenemos la oportunidad de hacerlo, tomar una siesta. A lo mejor, un día de poca energía, vale la pena que nos enfoquemos únicamente en hacer cosas sencillas, dejando los proyectos difíciles, sin que se vuelvan urgentes, para un mejor momento.

Pasa lo mismo con respecto al descanso emocional. Necesitamos aprender a escuchar nuestras necesidades y a atenderlas. Si hemos pasado por una situación difícil, requeriremos buscar la forma de distraernos y descansar haciendo algo que nos guste y nos llene de energía. Podemos salir con amigos o hablar con alguien a quien le tengamos confianza.

Así que la primera regla es esta: aprender a escucharnos, aceptar la situación y ser flexibles para adaptarnos y atendernos.

Otra herramienta que me parece muy valiosa es el autodiagnóstico. Además de los diagnósticos que te he compartido en cada capítulo, quiero compartirte una sencilla herramienta: la sumatoria de horas. Puedes descargar el formato en:

www.desequilibrioconsciente.com/descanso/kitlibro/

Ya en otro capítulo había hablado de este ejercicio contando mis descubrimientos cuando lo hice por primera vez, pero lo vuelvo a hacer aquí para dar un poco de detalle y para que no tengas que regresar. Simplemente, enlista todos los proyectos y actividades a las que dedicas tiempo. Para cada actividad escribe el número de horas semanales que te gustaría dedicar.

Cuando termines, ve cuantas horas te salieron y si te alcanza con el número de horas que tienes disponibles en tu semana. Incluye actividades como dormir, comer, lavar trastes, arreglo personal, transporte, etc. Cuando hago esto con mis *coachees*, es común que al inicio no contemplen estas cosas, a pesar de que les dedican mucho tiempo.

Ya con el panorama completo, ve cuántas horas te faltan y decide cómo optimizar y/o dejar de hacer algunas actividades de las que enlistaste. La meta es ajustarte a las horas reales que tiene tu semana. Mi mayor consejo es que no le quites tiempo a las horas de sueño. Esas son las únicas que no se pueden mover si no quieres perder todos los beneficios de vivir descansado.

¿Qué más puedes hacer para ayudarte a mantener los avances que vas logrando y asegurarte a la vez de seguir mejorando cada día?

He visto que a mí me funciona muy bien rendir cuentas de mis avances a otras personas. Me he dado cuenta de que muchas veces en que me propongo a hacer algo, en el momento de la verdad, termino por no cumplir. Cuando estoy cansada, surgen otros planes o se me dificulta la tarea más de lo que yo esperaba, así que opto por rendirme. Se me hace fácil posponerlo para otro día. Pero si quedé con alguien, ya sea para verlo en una cita o para entregarle algo, me las arreglo para hacer que las cosas pasen. Me desvelo o busco opciones para librar los obstáculos. A lo mejor termino por llamar, ofrecer disculpas y reagendar la fecha, pero finalmente, busco la manera de cumplir. Eso no pasa cuando el compromiso es solo conmigo. Corro el riesgo de irlo posponiendo o descuidando para siempre.

Yo trabajo con un compañero con el que hago *peer coaching*. Todas las semanas nos llamamos por teléfono y le decimos al otro qué es lo que vamos a hacer en la semana. Cada semana tenemos que rendir cuentas y contarnos en qué avanzamos y qué nos faltó. La idea es ayudarnos a que nuestros proyectos y metas avancen. También tenemos una pequeña competencia que nos ha resultado muy útil. Todos los días nos escribimos por *WhatsApp* para proponer una actividad, urgente pero no importante, que queremos hacer. En cuanto la completamos, nos avisamos y nos anotamos nuestro punto del día. Todas las semanas competimos entre nosotros. Generalmente acabamos con una puntuación de 5-5, porque los fines de semana descansamos. Pero las veces en que no logramos cumplir, reflexionamos sobre el error para encontrar la forma de evitarlo. Nos ayuda mucho tanto a aprender como a avanzar a un ritmo constante.

Así que puedes probar esto de rendirle cuentas a alguien. Puede ser diario, semanal, mensual, trimestral o como tú sientas que más te ayude. Es cuestión de creatividad y de prueba y error.

Tengo muy claro que a mí me ayudan mucho los retos, la competitividad y la sana ambición. Es decir, me ayudan mucho los premios y castigos. Pero en general, necesito que estén hablados y comprometidos con alguien más, porque si solo es conmigo misma, no los respeto. Lo que sí me ha funcionado, por ejemplo, son las aplicaciones que te dan algún tipo de recompensa cuando logras algo. No importa que solo sea un reconocimiento o título en una aplicación que nadie más ve. De todos modos, me motivan. Como mi aplicación de *oura ring* que me otorga una corona cuando saco más de 85 por haber dormido bien. Cuido todo lo que pueda poner en riesgo esa calificación y eso me ayuda en el mundo real.

Mi recomendación es que pruebes diferentes cosas que creas que te puedan ayudar. Puedes utilizar aplicaciones o un sistema de premios y castigos pactado con alguien más. La idea es que tengas metas concretas. Y si hay cierta competencia involucrada, eso te dará un empujón adicional. A mí me ha funcionado muy bien el uso de aplicaciones. Las he usado para lograr metas en diversas áreas: el descanso, la creación y conservación de hábitos, el ejercicio diario y las distracciones.

¿Qué retos, competencias, premios y castigos puedes usar tú para que te motiven a lograr tus resultados?

Otra cosa que puede ayudarte mucho es el aprendizaje y la lectura. Cuando vas entendiendo a mayor profundidad las cosas, es más fácil querer cuidarlas y encontrar cada vez mejores formas de hacerlo. Se aprende mucho cuando acudes a *Google* para resolver preguntas que te causaron curiosidad, cuando lees un libro, cuando rebotas ideas con alguien que sabe más que tú sobre un tema, cuando vas a una conferencia, o incluso cuando relees un libro.

Yo veo que, con los conocimientos que he adquirido sobre los temas que me interesan, cada vez me es más lógico y natural querer cuidarlos. Me encuentro más motivada para hacer ejercicio porque soy más consciente de sus beneficios y de las consecuencias de no hacerlo. No quiero subir de peso, perder la fuerza y flexibilidad que voy ganando, o dejar de tener los músculos marcados. Cada vez me es menos deseable comer harinas y azúcares refinadas. Poco a poco se me van dejando de antojar porque estoy consciente del daño que le hacen a mi cuerpo. Voy aprendiendo a detectar la sensación desagradable que me queda en la boca cuando como muchos carbohidratos.

El cuidado de mis hábitos se me facilita cuando estoy consciente de los beneficios que me generan y de los riesgos de perderlos. Como simple ejemplo, tengo más de dos años sin probar un refresco. Ni se me antoja ni me causa tentación. Entendí que están llenos de carbohidratos que me dañan y no sacian mi sed. ¿Para qué me hago daño con eso? Hoy me parece fácil pedir agua cuando voy a una reunión y evito con gusto el refresco.

En este sentido, además de la lectura y el aprendizaje, podemos dar un paso más allá y ser mentores o enseñar lo que aprendimos. He descubierto que la enseñanza es la mejor forma de aprender y reforzar los conocimientos. Nos obliga a profundizar en los conceptos para poder enseñarlos con confianza y para ser capaces de contestar las dudas. Y eso sin contar la satisfacción que obtenemos al ver que estamos ayudando a cambiar, para bien, la vida de los demás.

La bondad del aprendizaje es que hace que nuestro cerebro genere posibilidades. Nos mete en un modo creativo que nos ilusiona y mueve hacia adelante, llenándonos de energía. Por eso decidí agregarlo en esta sección y cuidarlo especialmente. Por eso, te pregunto: ¿qué vas a leer al terminar este libro? ¿Qué estás estudiando? ¿Cuál es el último curso o conferencia que tomaste? Nunca dejes de aprender y, de ser posible, nunca dejes de compartir ese aprendizaje enseñando a otros.

Por ejemplo, a mí me ha parecido muy interesante investigar las bases biológicas y neuronales que explican las cosas de las que he hablado. Yo estoy usando un lenguaje muy sencillo cuando digo que algo nos llena de energía, pero pienso que la explicación científica es fascinante. Entender todo lo que sucede en nuestro organismo a nivel biológico cuando actuamos de diferentes maneras, y conocer, por ejemplo, las sustancias que se generan y que contribuyen a nuestro bienestar general. A mí me ha apasionado, en especial, entender cómo funciona nuestro cerebro, el impacto de la buena nutrición en nuestra salud y los temas relacionados con el ejercicio.

De hecho, para cada tema del libro, existen estudios y bases científicas que explican por qué se dan estos resultados. Así que, si un tema te causa curiosidad, te invito a que lo explores más allá de lo que leíste aquí. Yo te lo conté todo a partir de mi experiencia, pero puedes aprender y profundizar en cada tema para entender los porqués.

Las dos últimas herramientas que quiero mencionar son la evaluación diaria y la planeación de actividades.

He visto que es muy útil implementar un sistema de planeación de actividades para organizarnos mejor y vivir con menos estrés. He intentado muchas cosas que he ido ajustando y modificando para que mi sistema se adapte mejor a las diferentes circunstancias de vida que voy teniendo. Pero, definitivamente, el método GTD, de David Allen en su libro de "Organízate con eficacia", siempre está presente a uno u otro nivel.

La planeación semanal, mi lista de pendientes y las actividades que pongo en mi agenda, me permiten elegir en qué enfocarme y mantener bajos niveles de estrés. Todos los días me tomo unos minutos para entender los retos del día siguiente con una perspectiva general y completa, sin prisas. Ya durante el día, conforme voy terminando mis actividades, decido cuál será mi próxima actividad con bastante certeza de que esa es la mejor forma de invertir mi tiempo.

Por otro lado, en cuanto se me ocurre un pendiente, solo saco mi teléfono y lo anoto. Es raro que algo se me vuelva urgente sin que lo vea venir con anticipación. Ahora mis urgentes y mi nivel de estrés han bajado muchísimo porque siempre tengo una visión panorámica, bastante completa, de mi situación actual y de mis pendientes a corto y largo plazo. Cuando algo se sale del plan original que tenía en la cabeza, puedo evaluar y priorizar mejor para reorganizar las cosas con rapidez, minimizando el estrés.

De hecho, casi con todos mis *coachees* me ha tocado trabajar en mayor o menor grado con diferentes herramientas de administración del tiempo. Tengo muy presente, por ejemplo, a un *coachee* que trabajaba en ventas y tendía a ser muy desorganizado. Gracias a que implementó algunas de estas herramientas de planeación, empezó a entregar sus reportes a tiempo y a anticipar y prever los problemas. Estaba muy contento porque ahora lograba más cosas, con menos estrés y sin que le exploturan los conflictos y problemas con los clientes y con su jefe, sin que los hubiera visto venir.

Además de mi sistema de planeación, también hago una evaluación diaria. Una parte de esa evaluación la hago a manera de oración y es parte fundamental de mi relación con Dios. Pienso que la evaluación es importante porque me permite ser agradecida y centrarme en lo bueno. Esto me permite descansar de mis propias expectativas sin cumplir, quitándole peso a lo que me faltó y poniéndole peso a lo que sí obtuve.

En mi experiencia, la evaluación diaria ha ayudado a mucha gente que ha trabajado conmigo a centrarse en lo positivo. Es un proceso que consiste en lo siguiente. Les pido que, al menos durante una semana, evalúen su día del uno al diez. Les pido que escriban las razones por las que se pusieron esa calificación.

Las calificaciones en general andan entre el siete y el diez. Normalmente, cuando mis *coachees* se evalúan por primera vez, el criterio que usan para evaluarse se basa en partir de una calificación de 10 y pensar en las cosas que hicieron mal para decidir cuántos puntos quitarse. Cuando reviso con ellos este ejercicio por primera vez, les propongo un cambio y les pido ahora que me expliquen todas las cosas que hicieron bien para llegar a su calificación. Al hacer eso, toman consciencia de todo lo bueno que hacen. Se dan cuenta de sus virtudes y se vuelven más agradecidos. Empiezan a disfrutar más de su vida y descubren que lo bueno siempre supera a lo malo.

La evaluación diaria también es un momento invaluable para reflexionar o aprender. La considero muy valiosa porque ahí descubro mis avances y retrocesos. Reflexiono sobre lo que me impidió cumplir con lo planeado, y voy aprendiendo a planear mejor y a ser más productiva. Me permite optimizar lo que hago, cómo lo hago y los resultados que obtengo.

Creo que, por último, la evaluación y planeación diaria me permiten darme cuenta de qué tan eficiente estoy siendo en mi capacidad para soltar.

Cada día me sigo convenciendo de que es cierta la frase que dice que "menos es más" porque he visto lo importante que es estar enfocado en pocas cosas. Me ayuda a mantenerme con pocas preocupaciones y claridad de pensamiento.

Gracias a la combinación de planeación y evaluación, puedo evitar que se multipliquen mis proyectos para mantenerme enfocada. El uso de estas herramientas me permite ver si estoy pretendiendo abarcar demasiadas cosas y si esto hace que me cueste trabajo decidir en qué invertir mi tiempo. Evita que me desgaste al querer abarcar mucho y no alcanzar a cumplir con mis propias expectativas.

Todo esto me ayuda a cuidar todas las áreas importantes de mi vida. Me mantiene enfocada y avanzando en lo que para mí es más prioritario. Y me da la tranquilidad de poder manejar todo sin miedo de que algo se me salga de control por querer abarcar demasiado.

Pero te invito a que tú encuentres lo que te funciona a ti. ¿Qué puedes hacer para enfocarte en lo importante y dejar de vivir en lo urgente? ¿Para centrarte en pocos proyectos y asegurar que avanzas en ellos continuamente? ¿Para centrarte en el presente y para no preocuparte por cosas futuras, que a lo mejor no suceden? ¿Para vivir, gozar, sufrir o resolver las cosas, todo a su tiempo?

Te resumo, a manera de lista, los puntos que toqué en este capítulo, para que te sea más fácil recordarlos y elegir alguno de ellos en el que te haga sentido trabajar:

- Uso de diagnósticos periódicos.
- Ejercicio de sumatoria de horas.
- Hacer compromisos con otras personas, rendir cuentas y *peer coaching*.
- Retos y competitividad.
- Premios y castigos: reales y virtuales. Uso de *apps*.
- Aprendizaje para entender problemas, causas y beneficios de los diferentes tipos de comportamiento que podemos elegir.
- Enseñar a otros y ser mentor.
- Sistema (método) de planeación y administración del tiempo.

- Evaluación diaria.

A lo mejor te preguntarás: ¿Por dónde empiezo?

Considero que el logro de metas es todo un tema y que no es algo en lo que se pueda profundizar en unos cuantos enunciados, por lo que solo compartiré un esquema simple, sin meterme a mucho detalle. Si quieres blindar tus metas y asegurar el resultado, te sugiero investigar más al respecto, leyendo sobre metas y creación de hábitos, o trabajar con un *coach* que te ayude a hacerlo.

En primer lugar, creo que lo más importante para que puedas tener grandes resultados, en el menor tiempo posible, es iniciar con un buen diagnóstico. Considero que todos partimos desde una circunstancia de vida diferente y por eso no creo que haya una solución ideal para todo mundo: creo que esto tiene que ser completamente personalizado. Así que, yo te recomendaría empezar haciendo el diagnóstico completo de todos los temas.

Una vez que lo tengas, sugiero hacer un breve análisis de los puntos que tendrían más impacto en tu vida si los cambiaras. Para simplificarte las cosas, puedes solo ponerle un impacto alto, medio o bajo, a cada punto que hoy tengas evaluado de tres para abajo.

La idea es que puedas seleccionar únicamente de uno a tres puntos en los que puedas enfocarte a trabajar, ya que avanzarás más rápido si te enfocas en pocas cosas. Si todavía te quedan muchos puntos de alto impacto, y no sabes cómo decidir entre ellos, te recomiendo quedarte con los dos o tres que sientes que te será más fácil implementar en un periodo de entre uno y tres meses.

A continuación, es necesario que aclares lo que quieres lograr y en cuánto tiempo. Para esto puedes ayudarte de la técnica de metas SMART, que puedes "googlear" si no la conoces. Ya con tu meta bien definida, aterriza y define las acciones concretas que vas a hacer para volverla realidad. Busca acciones realistas y creativas. Avanza poco a poco, con paso lento pero firme. He visto muchas personas que quieren un cambio de 180 grados de la noche a la mañana y que terminan sintiendo que no avanzan, solo porque el cambio que están haciendo es paulatino y sus expectativas eran radicales. Es triste ver cuando se desaniman, renuncian y pierden lo avanzado. Es mejor empezar poco a poco, reconociendo y disfrutando los resultados para sentirnos perfectamente capaces y motivados para dar un nuevo paso hacia adelante.

Establece un mecanismo que te ayude a cumplir: un sistema de premios y castigos (con alguien externo encargado de su cumplimiento) o un sistema de rendición de cuentas. Para esto, puedes comunicar tu meta a otras personas, utilizar alguna *app*, pedirle a un amigo estricto que le dé seguimiento a tu avance, o contratar a un *coach*. Aquí es importante ser creativo y atreverte a cosas que realmente te saquen de tu zona de confort y te "obliguen" a vencer las barreras que puedan surgir. Para facilitar las cosas, puedes ayudarte también de la visualización de la repetición de creencias positivas o de alguna otra técnica que conozcas y te guste.

Y listo, ya tienes un plan de acción. Solo falta implementarlo. Para mayor facilidad, te resumo los pasos:

1. Conocer la situación. Hacer diagnóstico.

2. Elegir aspectos a trabajar.

3. Crear meta SMART.

4. Hacer plan de acción: definir acciones concretas.

5. Diseñar sistema de rendición de cuentas y de premios y castigos.

6. Implementar y… ¡transformar tu vida!

Con esto, termino el capítulo y el libro. Ha sido un placer para mí compartir esto contigo. Deseo que sea tan útil y revelador para ti como lo ha sido para mí. Espero que te des la oportunidad de priorizar de una nueva forma, y de probar una vida plena y descansada. De experimentar los beneficios únicos y propios que el descanso pueda llevar a tu vida.

Te agradezco por dejarme compartir contigo esta experiencia y por acompañarme en mi camino. Espero que también yo te pueda acompañar en el tuyo por medio de este libro y que pueda ser una pequeña luz en tu vida. Que pueda ayudarte a descubrir, y a dejar que salga, toda la alegría y demás cosas buenas que hay en tu interior. Ya sea que nos conozcamos después, si tomas alguno de mis cursos o programas, o que te decidas a hacer algún cambio por haber leído este libro, el objetivo se habrá cumplido. Estaré eternamente agradecida con Dios por la oportunidad de contribuir un poco a que tengas una vida más plena, y por ayudar a dejar este mundo un poco mejor de como lo encontré.

¡Que Dios te bendiga hoy y siempre!

Mariluz

PD: Mi objetivo al escribir este libro es que pueda llegar, y ayudar, a mucha gente a hacer pequeños o grandes cambios en su vida que les permitan vivir con mayor plenitud. Si este libro te sirvió para reflexionar y tomar decisiones para mejorar tu día a día, te pido que me ayudes a llegar a más personas por medio de tus comentarios en *Amazon*. Somos muchas personas las que leemos los comentarios antes de comprar un libro, ya que nos ayudan a saber si ese libro es lo que estamos buscando o no. Cuento contigo para que, con tu granito de arena, puedas también ser parte de mi sueño de compartir la magia del descanso y ayudar a transformar la vida de muchas personas.

Aprovecho para dejarte también una dirección de correo electrónico donde podrás escribirme:

info@desequilibrioconsciente.com

Haré mi mejor esfuerzo por contestar todos los mensajes, de manera personal, lo más pronto posible. Me encantaría que me compartieras lo que has vivido y pensado al leer este libro. No dudes en contactarme también si es que tienes algún cuestionamiento donde aún sientas que necesitas profundizar, me encantará rebotar ideas contigo al respecto.

Apéndice 1

SOBRE EL *BURNOUT* Y EL DESCANSO

Existen muchos síntomas que se han relacionado con el cansancio crónico y el *burnout.* Encontré un artículo que habla de 130 síntomas, por lo que yo simplemente quiero explicar el proceso degenerativo, o círculo vicioso que se genera, junto con una agrupación de síntomas para detectarlo.

Básicamente, el cansancio crónico se genera cuando una persona se somete a situaciones de estrés que, por su continuidad o intensidad, sobrepasan su capacidad de respuesta y recuperación. Ante cualquier situación de estrés, una persona tiene que responder, física y psicológicamente, para resolver una situación, entrando en un estado de "huida o lucha". Esto genera en nuestro cuerpo diversas reacciones, cambios biológicos y segregación de sustancias y neurotransmisores, que le permiten manejar la situación y que son normales y sanos.

El problema es que nuestro organismo no está hecho para mantenerse en el estado de "huída o lucha" —que le requiere muchísima energía y lo mantiene alerta y tenso—, sino que requiere descansar y recuperarse, para poder responder de la manera apropiada ante cada tipo de estímulo que recibe. Es por eso que necesitamos descansar. Así que cuando no nos recuperamos de la forma adecuada, porque permanecemos mucho tiempo en situaciones de estrés o porque no descansamos de la manera en que nuestro cuerpo lo necesita, y en la cantidad adecuada, nuestro cuerpo va acumulando una deuda que consume muchísima energía y nos mantiene alertas pero agotados. Digamos que pierde la capacidad para transitar entre los estados de relajación y de alerta, y, por lo tanto, pierde la capacidad también de experimentar las emociones positivas, de satisfacción y alegría, que tienen las personas cuando están descansadas y relajadas.

De esta manera se pueden entender los diferentes síntomas del cansancio crónico, que se van agravando de manera paulatina, conforme la persona se interna cada vez más en el círculo vicioso que genera. En general, estos síntomas se desarrollan y agravan con el tiempo, por lo que es muy difícil que una persona los pueda reconocer en sus estados incipientes. Esto ocasiona que el problema se agrave y que empiece a generar síntomas físicos y psicológicos más graves que, por su naturaleza poco específica y la raíz de donde surgen, también son difíciles de reconocer y diagnosticar por un médico.

Para simplificar, agruparé un poco los síntomas y explicaré el círculo vicioso que se genera:

Sentimientos de malestar y sufrimiento: cansancio, irritabilidad, agresividad, intranquilidad, ansiedad, angustia, incapacidad para disfrutar, hipersensibilidad hacia lo desagradable, hipersensibilidad emocional, insatisfacción, tristeza, impulsividad, intranquilidad, impaciencia.

Concentración en el logro de resultados y en las expectativas de los demás: perfeccionismo, autoexigencia, autoritarismo, intransigencia, etc. Además, esto los vuelve incapaces de captar el cansancio propio hasta que haya síntomas graves, físicos o psicológicos. Se presentan también obsesiones, de logros y de placer, que impiden ver y diagnosticar el problema de manera objetiva.

Alteraciones en el funcionamiento del organismo, especialmente, del sistema nervioso: incapacidad de relajarse, se permanece en estado de alerta, insomnio, tensión muscular, dolores de espalda y cuello, dolor de cabeza, inquietud psicomotriz, intolerancia sensorial, problemas gástricos, pérdida de cabello, problemas en la piel, arritmia cardiaca, hipertensión arterial, infecciones y enfermedades continuas, dolores musculares, debilidad generalizada.

Pérdida de productividad y de fuerza de voluntad: agotamiento, falta de energía, despiste, tendencia a huir de las cosas que implican esfuerzo, incapacidad para defender sus puntos, apatía, indiferencia, incapacidad para decir que no, miedo al rechazo, dificultad para concentrarse, reducción de memoria, falta de creatividad, dificultad para tomar decisiones, reacciones automáticas, inconstancia, rechazo de responsabilidades.

Atracción hacia vicios (para evadir el malestar por medio de un placer inmediato): comidas dulces, alcohol, lectura, pornografía y sexo, juegos, apuestas, compras, etc.

Pérdida de la autoestima y depresión: Sentimientos de culpa y frustración, apatía, tristeza.

El círculo vicioso funciona más o menos así: una vez que una persona empieza a acumular una deuda de cansancio y estrés, se mantiene en un estado de alerta y de mal humor, sobrerreacciona ante los problemas y comienza a huir de las cosas difíciles. Como tiene problemas para concentrarse, tomar decisiones y ser creativo, su productividad decrece y esto lo mete en una situación de estrés cada vez más grave. Su cuerpo se acostumbra a estar alerta y se vuelve incapaz de relajarse y descansar, lo cual puede llevarlo al insomnio y a incrementar mucho más su agotamiento. Su mal humor y falta de productividad le producen aún más problemas y estrés. Sus relaciones sociales y de pareja también se ven afectadas y su autoestima disminuye cada vez más. Adicionalmente, se sentirá atraído hacia los vicios que le generen placer inmediato y lo distraigan de manera temporal de las sensaciones negativas que experimenta, lo cual incrementará su falta de productividad. Esto a su vez generará sentimientos de culpa y tristeza que lo sumirán todavía más en el problema, pudiendo llevarlo hasta un estado serio de depresión, trastornos de pánico o enfermedades físicas graves.

Cuando hablamos en concreto de *burnout*, que es el cansancio crónico relacionado con el estrés laboral, son muy comunes también los siguientes síntomas: odiar el trabajo, poca efectividad en su realización, falta de satisfacción laboral, cinismo e indiferencia.

Me encontré con un cuestionario de la clínica Mayo que puede ser útil para ayudarnos a detectar un problema de *burnout*. Así que, básicamente, si contestas que sí a algunas de las siguientes preguntas, en mayor o menor grado, tienes un problema de *burnout* que te conviene atender:

- ¿Te has vuelto cínico o crítico en el trabajo?
- ¿Necesitas arrastrarte a ti mismo al trabajo y tienes dificultades para empezar a trabajar?
- ¿Te has vuelto impaciente o irritable con tus compañeros de trabajo o con tus clientes?
- ¿Te falta la energía para ser productivo de manera consistente?
- ¿Tienes dificultad para concentrarte?
- ¿No experimentas satisfacción ante tus logros?
- ¿Te sientes desilusionado ante tu trabajo?

- ¿Estás utilizando la comida, cigarro, alcohol u otras drogas para sentirte mejor, o simplemente para evitar sentir?
- ¿Han cambiado tus hábitos de sueño y descanso?
- ¿Sufres de dolores de cabeza, de espalda, problemas intestinales u otros síntomas físicos que no parecen tener una explicación clara?

Sabiendo todo esto, es muy fácil entender los beneficios del descanso. Generalizando, se resumen en la capacidad de que nuestro organismo funcione bien, reaccionando correctamente ante el estrés para solucionar los problemas y regresando después a un estado de relajamiento y bienestar. Los neurotransmisores encargados de generar sentimientos de bienestar y alegría estarán cada vez más presentes en el organismo, y nuestra respuesta ante los problemas será menos extrema. Así como el estrés y la falta de descanso generan un ciclo negativo, aquí se genera un círculo virtuoso que lleva a la persona a estar cada vez más alegre, ser más productiva y lograr más cosas, disfrutándolas y generándole cada vez mayor confianza y autoestima.

Beneficios del descanso:

- Vitalidad y sensación de bienestar.
- Alegría.
- Claridad de pensamiento y capacidad de concentración.
- Productividad.
- Confianza, optimismo y autoestima.

Diagnósticos

¿Cómo utilizar los diagnósticos?

Contesta a cada pregunta según lo que sientas que más se apegue a tu situación actual. Elige un número del 1 al 5, donde 5 representa que vives ese enunciado de manera *excelente*, 4 *muy bien*, 3 *bien*, 2 *regular* y 1 *muy mal*. Otra forma de verlo, según el enunciado en cuestión, sería ver el 5 como *siempre*, el 4 como *casi siempre*, el 3 *muchas veces*, el 2 *algunas veces* y el 1 *pocas veces*.

Recuerda que estos diagnósticos están hechos para ayudarte a tomar decisiones y acciones que mejoren tu vida. Sé honesto y date la oportunidad de reflexionar con profundidad al respecto.

Cada una de las afirmaciones o preguntas parten de una situación ideal y es muy probable que no exista nadie en este mundo que pueda contestar con 5 a todas las preguntas. La vara está muy alta porque considero que siempre es bueno que busquemos llegar más arriba y alcanzar nuevas metas. Por favor, no te desanimes si sientes que tu evaluación es baja o ves muy lejos la meta, te invito a verlo más bien como un reto personal que oculta muchos beneficios tanto en el camino como al final.

El objetivo del diagnóstico es que puedas enfocarte primero en aquellas cosas que puedes mejorar sin mucho esfuerzo, y en las que requieren esfuerzo, pero cuya recompensa e impacto es grande. No te enfoques en la calificación final sino en las tendencias que vas obteniendo cada vez que contestas un diagnóstico. Tu objetivo no debe ser buscar la perfección sino llegar al nivel que te permita vivir descansado y disfrutar tu vida al máximo.

Recuerda que en mi página tienes un archivo con el que podrás imprimir y responder cualquier diagnóstico las veces que necesites.

Disfruta el camino y los pequeños avances del día a día.

Descanso Físico

PREGUNTA	EVALUACIÓN
1- Duermo más de ______ diarias en promedio a la semana. (Escribe el número de horas que requieres dormir para obtener las cantidades adecuadas de sueño profundo y REM que requieres. Si no sabes, puedes poner 8). Recuerda que son horas de sueño real, no las horas que estás acostado en la cama.	1 2 3 4 5
2- Duermo mis ____ horas todos los días. ¿Cuántos días a la semana / al mes duermes menos de lo que deberías?	1 2 3 4 5
3- Duermo sin interrupciones. ¿Cuántas veces despiertas en la noche, ya sea para cambiar de posición o para ir al baño?	1 2 3 4 5
4- Tardo entre 5 y 15 minutos en quedarme dormido (si no tienes una aplicación que te ayude con esto, haz un estimado).	1 2 3 4 5
5- Me despierto fácil en cuanto suena el despertador (o sin usarlo). Cuando me levanto me siento descansado y con toda mi energía recargada.	1 2 3 4 5
6- Me levanto en cuanto suena el despertador y no utilizo la función de "*snooze*".	1 2 3 4 5
7- No siento necesidad de dormir durante el día. ¿Cuántas veces al día deseas o piensas en dormir?	1 2 3 4 5
8- Me siento descansado a lo largo de todo el día y no siento que me estoy quedando dormido o sin energía al hacer mis actividades cotidianas.	1 2 3 4 5
9- Cuido mis actividades y alimentación en la noche (higiene del sueño) para propiciar un buen descanso.	1 2 3 4 5
10 – Duermo en una recámara y cama con condiciones óptimas para propiciar un buen descanso (silencio, oscuridad, ventilación, temperatura, orden, comodidad, no pantallas).	1 2 3 4 5
Total	________

Ejercicio

PREGUNTA	EVALUACIÓN
1- Estoy más fuerte que el mes/periodo anterior (si tu fuerza ya estaba en niveles óptimos, puedes evaluarte con 5 si es que la mantuviste durante este mes. Utiliza el mismo criterio para las siguientes preguntas).	1 2 3 4 5
2- Soy igual o más flexible que el mes/periodo anterior o he incrementado mi rango de movimientos.	1 2 3 4 5
3- Tengo más agilidad/control de mis movimientos que el mes/periodo anterior.	1 2 3 4 5
4- Tengo mejor condición física (aeróbica) que el mes/periodo anterior.	1 2 3 4 5
5- He mejorado mi postura en el último mes/periodo.	1 2 3 4 5
6- No tengo ningún dolor crónico/repetitivo al hacer ejercicio ni en otras actividades.	1 2 3 4 5
7- Mi espalda y cuello se mantienen relajados y sin dolor.	1 2 3 4 5
8- Hago una cantidad óptima de ejercicio: Al menos 150 minutos (moderado/bajo) de ejercicio a la semana. Ejercicio moderado/fuerte al menos 3 días a la semana. Diferentes niveles de intensidad durante la semana. Al menos un día de descanso a la semana en el que no hago ejercicio fuerte.	1 2 3 4 5
9- Hago algún estiramiento o cambio de postura cada que pasan 50 minutos de trabajo de oficina.	1 2 3 4 5
10- Escucho a mi cuerpo y ajusto la intensidad y dificultad de mi ejercicio dependiendo de la fuerza/flexibilidad/control con la que me responde cada día.	1 2 3 4 5
Total	________

ALIMENTACIÓN

PREGUNTA	EVALUACIÓN
1- Evito comer entre comidas y por ansiedad.	1 2 3 4 5
2- Tengo un peso óptimo y lo mantengo así sin ninguna dificultad.	1 2 3 4 5
3- Vivo todo el tiempo sin ningún tipo de inflamación ni dolor estomacal/intestinal.	1 2 3 4 5
4- No tengo estreñimiento ni diarrea. Evacúo sin dificultad al menos 1 vez al día.	1 2 3 4 5
5- Como muy pocas harinas y azúcares refinadas, tanto en mis alimentos como en mis bebidas. Sé cómo darme mis gustos y saciar mis antojos, sin abusar de los alimentos que no me convienen.	1 2 3 4 5
6- Evito los alimentos procesados, con muchos ingredientes, conservadores y químicos. Favorezco los alimentos naturales. Estoy bien nutrido y como una gran variedad de frutas y verduras.	1 2 3 4 5
7- Mis comidas son balanceadas.	1 2 3 4 5
8- Como las cantidades de alimentos y calorías óptimas para cubrir los requerimientos de mi cuerpo, sin excederme.	1 2 3 4 5
9- Nunca me siento cansado o con sueño después de comer.	1 2 3 4 5
10- Me mantengo bien hidratado.	1 2 3 4 5
Total	__________

Descanso Emocional

PREGUNTA	EVALUACIÓN
1- Me concentro fácilmente en mi trabajo y entro en la zona de flujo sin dejar que las circunstancias externas me interrumpan.	1 2 3 4 5
2- Soy disciplinado y cumplo con lo que planeo hacer cada día. Realizo mi trabajo con calidad y no dejo las cosas hasta el último momento. Soy puntual y confiable en el cumplimiento de mis compromisos y en mis citas. Hago lo que digo.	1 2 3 4 5
3- Disfruto mis actividades diarias y me siento satisfecho y orgulloso de mi trabajo.	1 2 3 4 5
4- Controlo mis gustos y *hobbies* sin que me envicien (juegos, alcohol, cigarro, redes sociales, lectura, noticias, etc.).	1 2 3 4 5
5- Cuido mis relaciones con mi familia y amigos por medio de un contacto profundo, íntimo y constante. Me enfoco en relaciones recíprocas y me alejo de relaciones tóxicas.	1 2 3 4 5
6- Tiendo a ver lo bueno en los demás y no me tomo las cosas personales.	1 2 3 4 5
7- Identifico cuando tengo estrés y ansiedad, busco la causa y la soluciono. Evito huir de mi ansiedad por medio de distractores y actividades placenteras que me generen dopamina.	1 2 3 4 5
8- Me concentro en las actividades y el entorno en donde mi cerebro fluye con facilidad y gasta menos energía. Lo demás lo delego, subcontrato, o minimizo en tiempo y cantidad.	1 2 3 4 5
9- Acepto mis defectos y equivocaciones con amor y sin juzgarme ni recriminarme. Veo el fracaso como un escalón necesario para llegar al éxito. Me enfoco en los aprendizajes y las acciones para solucionar los problemas y evitar volver a cometer los mismos errores.	1 2 3 4 5
10- Estoy agradecido por todo lo que tengo y por lo que vivo a diario. Me centro en las cosas positivas y acometo los problemas, retos y proyectos con optimismo. Salgo rápido de mis enojos y me enfoco en buscar soluciones.	1 2 3 4 5
Total	________

ESTÍMULOS - ORDEN

PREGUNTA	EVALUACIÓN
1- Mantengo mi espacio físico ordenado. Guardo todo lo que uso y todo tiene su lugar. Me gustan los lugares en los que vivo y trabajo. Cuido que sean lugares ordenados, limpios, espaciosos y bonitos.	1 2 3 4 5
2- Conservo mis papeles y documentos (físicos y virtuales) guardados y ordenados. Sé dónde están las cosas y puedo encontrarlas y guardarlas con gran facilidad cuando lo requiero.	1 2 3 4 5
3- Estoy enfocado en unos pocos proyectos y metas que persigo con consistencia y efectividad.	1 2 3 4 5
4- Renuncio con facilidad a los proyectos y oportunidades que no están alineados con las metas en las que estoy enfocado.	1 2 3 4 5
5- Tengo gran claridad, por escrito, de todos mis pendientes, proyectos, y sueños. Puedo planear y decidir mis actividades, adaptándome a los problemas y circunstancias de cada día, sin que esto me genere mucho estrés.	1 2 3 4 5
6- Mi correo electrónico está al día y bajo control. No tengo correos pendientes y, por lo tanto, no es una fuente de estrés.	1 2 3 4 5
7- Cuido la cantidad de estímulos que recibo y los minimizo a lo que realmente necesito y a lo que no puedo evitar.	1 2 3 4 5
8- Mis finanzas están en orden y no me generan estrés. Gasto menos de lo que gano, ahorro, y tengo inversiones que me ayudan a ver mi futuro con tranquilidad.	1 2 3 4 5
9- Soy ordenado con mis horarios y rutinas.	1 2 3 4 5
10- Tengo claridad en mis pensamientos, valores y objetivos. Mis acciones diarias son congruentes con mis prioridades.	1 2 3 4 5
Total	________

Trabajo

PREGUNTA	EVALUACIÓN
1- Respeto mis horarios laborales. Salgo a la hora que me propongo y me doy tiempo para comer, sin trabajar.	1 2 3 4 5
2- Dejo de trabajar en cuanto salgo de la oficina. En mi casa no trabajo, ni contesto llamadas o mensajes laborales. No contesto correos electrónicos durante horarios o días no laborales.	1 2 3 4 5
3- Tengo juntas periódicas con mi equipo de trabajo y con mi jefe. La fecha y hora está preestablecida y se respeta puntualmente, sin cancelarse ni reagendarse.	1 2 3 4 5
4- Me enfoco en las pocas actividades que logran el 80% de los resultados que se esperan de mí y mi trabajo. Mis prioridades están 100% alineadas con las de mi jefe, y las prioridades de mis subordinados están 100% alineadas con las mías.	1 2 3 4 5
5- Delego todo el trabajo que puedo, capacitando y fomentando el desarrollo de mis subordinados.	1 2 3 4 5
6- Sé cómo decir que no. Evito compromisos y actividades no prioritarios. Soy 100% confiable y responsable del cumplimiento de mis compromisos.	1 2 3 4 5
7- Tengo espacios y tiempos en los que me puedo concentrar al 100% y avanzar rápidamente mi trabajo, sin interrupciones.	1 2 3 4 5
8- Estoy abierto a nuevas ideas. Manejo una comunicación sincera, asertiva y abierta. Promuevo la colaboración y buen trato con mis compañeros. Conozco las fortalezas de los demás y confío en ellos para trabajar en equipo.	1 2 3 4 5
9- Analizo periódicamente la forma en que administro mi tiempo, mis responsabilidades, prioridades y pendientes. Hago ajustes y mejoro continuamente mi eficiencia al simplificar, delegar y automatizar tareas.	1 2 3 4 5
10- Me capacito constantemente. Conozco y he implementado muchas herramientas de gestión de tiempo y productividad.	1 2 3 4 5
Total	________

Resultados

Después de contestar cada diagnóstico, suma los puntos totales que obtuviste. A continuación, te dejaré un criterio para evaluar cómo andas de manera general. La calificación máxima para la suma de los seis diagnósticos es de 300, correspondiente a 50 por cada diagnóstico.

Recuerda que lo importante no es la calificación sino la reflexión a la que te lleve, y lo que decidas hacer para mejorar. Puedes tú poner tu propio criterio o metas según el punto de partida desde el cuál hayas comenzado y/o de las metas concretas que quieras lograr.

De 241 a 300 (De 41 a 50 para un solo diagnóstico)

Estás en la zona óptima. Aún tienes muchas áreas de oportunidad si quieres continuar tu camino de crecimiento personal, pero seguramente estás disfrutando de una vida descansada y viviendo los beneficios que vienen con ella.

De 181 a 240 (De 31 a 40 para un solo diagnóstico)

Tu descanso es muy bueno. Con unos pequeños cambios podrás llegar a la zona óptima y gozar de los beneficios que hoy todavía no tienes. Las recompensas que alcanzarás al trabajar para llegar al siguiente nivel todavía son importantes, y el esfuerzo, bien vale la pena.

De 121 a 180 (De 21 a 30 para un solo diagnóstico)

Tu descanso es deficiente y, aunque probablemente estás acostumbrado y te es difícil verlo, te está pasando factura en tu humor, productividad, salud y capacidad para disfrutar la vida. Los beneficios de cuidarte y descansar mejor serán muy notorios y gratificantes.

Abajo de 121 (Abajo de 21 para un solo diagnóstico)

Tienes un problema de cansancio crónico que ya se está reflejando en varios síntomas y que está limitando tu capacidad para disfrutar de la vida. Estás en riesgo de sufrir síntomas físicos y psicológicos más graves si no cuidas mejor tu descanso.

Agradecimientos

Definitivamente, la escritura de este libro ha sido un evento muy importante en mi vida, que no podría haber logrado sin el apoyo de muchísima gente que contribuyó, de una u otra manera, en su realización.

En primer lugar, quiero agradecer a mi familia cercana: Marilín, Isabel, Adrián, María, Esteban, Ana, Alfonso, Angélica y Rafael, que siempre han estado conmigo y que veo como un apoyo y fuente de amor y de cariño incondicional.

Quiero agradecer también a todas las personas que me acompañaron y apoyaron, tanto en la fase de escritura como con sus comentarios para enriquecer este libro. De verdad ayudaron a que este libro fuera mejor y estuviera más completo que en su versión original, por lo cual les estaré eternamente agradecida, porque estoy convencida de que eso ayudará a que llegue y ayude a más personas.

A Marisela, que me apoyó a cada paso del camino, animándome y apoyándome con su escucha y preguntas en los momentos y decisiones difíciles, y durante todo el proceso.

A Norma, que se metió a ayudarme a detalle y me animó a sacar adelante este proyecto por medio de su confianza y apoyo incondicional.

A Bibi (Bibiana Jiménez Durán), que fue la roca que me apoyó durante todos y cada uno de los días que duró este proceso, con sus mensajes diarios de cariño y confianza en mí. Le agradezco por haber compartido este camino conmigo, por confiar en mí sus dudas y dificultades, y por asistirme para superar las mías. Puedo decir que me ha robado el corazón y que me siento muy agradecida con Dios por haberla puesto en mi camino.

A L.Aura, de LibroLibreLibra, que fue la primera en ayudarme con sugerencias para pulir mi libro, y que fue un pilar importantísimo por el nivel de detalle, calidad y cantidad de sugerencias que me aportó.

A Itzel Medina Cornejo, Cassandra E. Hoz Morales, e Isabel Souza, que me apoyaron con comentarios profundos y valiosos que sin duda enriquecieron la versión final de este libro.

A todos mis amigos y conocidos que leyeron mi primer manuscrito, me animaron y me hicieron sugerencias que me ayudaron a completar este trabajo que, gracias a su ayuda, se enriqueció desde su primera versión. A Patricia Barrera Badillo, Paco Bringas, Josué Raymundo Ramírez, Rodrigo López González, Mariela y Javier, Elisa Farías Mendoza, Tega, Jessica Romero Plasencia y Eugenia Aguilar.

A mi portadista y correctora, Osmary Morales, que trabajó mano a mano conmigo para que todo quedara tal como yo lo quería.

También quiero dar las gracias a todos mis compañeros del reto, por el apoyo que me brindaron durante todo este tiempo, ya que, sin ellos, esto no hubiera sido posible. A Ana Nieto Churruca, por compartir su experiencia con nosotros. A los compis del reto: Juan Carlos, Itxaso, Sandra, Angélica y Lucía, que compartieron a diario conmigo sus avances y dificultades.

A Mirian Alonso Cuenca que se ofreció a ser mi lectora cero y me ayudó con sus valiosísimos comentarios. Y, por último, a Fernando Beat del Río (FBR) que compartió conmigo paso a paso este proceso, y después me ayudó a leer y comentar mi primer manuscrito. Ha sido un placer, y una bendición, compartir con ustedes esta aventura.

Finalmente, agradezco a Dios por haberme permitido vivir y compartir esta experiencia de transformación de vida que me ha regalado para acercarme más a él y a los demás. Creo que este ha sido de los mayores regalos (si no es que el mayor) que me ha dado hasta ahora, y con el cual me siento profundamente amada y bendecida.

Printed in Great Britain
by Amazon

78824045R00142